# CRÓNICAS SOBRE RUEDAS. EL GIRO DE ITALIA

## BICIS, HISTORIAS Y DECEPCIONES DE LA CARRERA QUE FORJÓ LOS MITOS

MARCOS PEREDA

Libros de Ruta

Libros de Ruta



© Editorial Almuzara S.L., 2025
Ctra. Palma del Río, Km 4.
Parque Logístico de Córdoba.
C/ 8, Nave L2, Módulo 6 y 7, Buzón 3
14005 Córdoba
info@librosderuta.com
www.librosderuta.com

**Primera edición:** abril 2025
**Director editorial:** Eneko Garate Iturralde
**Portada:** Alberto Aragón – Local Estudio
**Maquetación:** Amagoia Rekero García

ISBN: 978-84-129057-1-7
Depósito legal: CO-330-2025
Impreso en España por Leitzaran Grafikak

# ÍNDICE

# PRÓLOGO

El Renacimiento. Il Duomo. Turín, tan ordenada. Nápoles, tan caótica. Iglesias y arcos romanos en el último pueblito. Dolomitas. Gente que habla idiomas rarunos. Piedras verticales. Bertolluci. De Sica. Rossellini. También Pasolini, claro. Alessandro Baricco y Oceano Mare. Moravia, Calvino, Manzoni. Los Círculos de Dante. Mussolini haciendo el pino. La pasión. La vida.

El pastelito Pantera Rosa. La peli de Barbie. El armario de una pija. Un flamenco, un Frigopie, un cerdito bien joven. El poema de Gertrude Stein, el original de Shakespeare. El axolote, los melocotoneros en flor. El lago de Dakar, el chicle de Boomer. La mitad de una Nocilla bicolor que tampoco estaba tan buena. Remolachas, tulipanes, peonías. La salsa rosa, el vino rosado. Piedras rojas por Firenze. Aquel cadillac de Elvis.

Coppi y Bartali, claro. También Eddy, Bernard en el Stelvio, Gaul en el Bondone. Tarangu, Induráin, Marino. Moser y Saronni, aunque fastidie. Gavia con nieve, Pordoi con nieve, Lavaredo con nieve, Rolle con nieve. Roche subiendo Fedaia, De las Cuevas subiendo Foppa. Binda que cobra por no correr, Tadej que se divierte corriendo. Bugno elegante, Gimondi elegante, Visentini elegante, tan italianos. Lo de 1946. Carollo y Malabrocca, Tullio Campagnolo y Ernesto Colnago, Bianchi, Wilier, Pinarello. Eberardo Pavesi, Gerbi, Gianni Motta, Gimondi vs Cunego. Finestre sin asfalto, Sestriere entre celliscas, Sella, Campolongo, Gardena. El Blockhaus, la colina de Asís, Vigorelli, Gran Sasso.

Me encanta.

W il Giro.

# AQUEL PRIMER GIRO DE ITALIA

05/05/2023, *Jot Down*

Si se descuidan les sale antes una Gran Vuelta que un país. Pero es que esto es Italia, amigos, y las cosas suceden como suceden. Su pelín de ópera, su mucho de histrionismo calculado (aunque parezca oxímoron), su más allá de apasionamiento extremo, su pizca de ironía ante lo que cada mañana habría de surgir. Y su picaresca, claro. Como en el Giro. Que nació en plan picaresca, cómo podría ser de otra forma.

Ni cuarenta años. Ni cuarenta años llevaba Italia siendo Italia (pero Italia-Italia de verdad, no Italia en plan la Italia del Renacimiento) cuando arranca el primer Giro, allá por 1909. Cuarenta años. A los cuarenta años muchos aún cenan sopas en casa de sus papis mientras ven *First Dates*, mira ese, menudo notas. Un lío. Y una aventura. Cuando la carrera sale de Milán hay muchos (vamos, digo yo que habría muchos, no estaba allí para sacarles el dni) que habían visto todo el proceso, desde sus condados, marquesados, reinos, estados, ciudades semiindependientes, ducados y etcéteras diversos hasta ver un Saboya en el trono. Aquí también tuvimos, sí, un Saboya en el trono, pero eso es harina para costal de otro ratuco. Ya lo dijo don Benito Pérez Galdós... no puede reinar en España alguien de rima tan fácil... Y eso, que en 1861 Victor Manuel II de Saboya se proclama rey de Italia. Digamos que se ha dejado cachitos por el camino, no vayan a creer. El Véneto aún sigue en manos austriacas,

Niza, Saboya (ya es mala leche) y Córcega van para Gabacholandia. Ah, y los Estados Pontificios, que continúan con el paisanín ese de blanco. No será hasta 1870 cuando Italia quede dibujada como (más o menos, aún queda la Primera Guerra Mundial) es ahora en su mapamundi.

Treinta y nueve años antes del primer Giro. Díganme si no es esfuerzo loco. Qué maravilla.

Porque no era lo único. Lo de la política, digo. Por expresarlo de forma suave... Italia estaba lejos de unificarse aunque la hubiesen unificado. No tienen idioma, no tienen ferrocarriles, apenas hay carreteras, las desigualdades entre norte y sur son... bueno, como las de hoy, más o menos. Muy bonito, muy cuqui, muy ópera de Verdi, pero en el día a día... Con eso, lo de hacer una vuelta que abrazase a todo el país (o a parte de todo el país, de ese todo el país que no era ni todo ni casi era país) pues se nos hace un poco cosa rara, un poco cuesta arriba. A quién podría ocurrírsele semejante locura. Pues a ellos. Como pasa siempre. Mitad por negocio, mitad por convencimiento. «Somos pobres pero honrados», dirá Cougnet...

Venecia, cinco de agosto, año 1908, y perdonen la rima interna. Telegrama para *il signore* Cougnet, Armando Cougnet. Dos frases y una firma. «La necesidad obliga a la *Gazzetta* a lanzar un Giro de Italia sin demora. Vuelve a Milán. Tullo». Algo parecido llega a Emilio Camillo Costamagna mientras estaba en Mondovi. Era dueño del periódico, Tullo Morgagni ejercía como director, Cougnet venía a ser redactor jefe para cosas de bicis. Volvamos a la Lombardía. En fin...

Pero ¿a qué viene tanto jaleo? Tullo Morgagni explica. Miren, que la gente habla. Habla. Habla mucho. Los secretos, que son golosísimos. Y a mí... ¿saben quién es Angelo Gatti? Antiguo empleado de la fábrica Bianchi. Salió mal, ahora ejerce en Atala, que es la otra gran empresa en esto de ruedas y sillines. Bueno, la ha fundado, así que no piensen en quien arregla piñones. De hecho, Atala era su madre, Atala Naldi, porque en Lombardía la *mamma* es la *mamma*...

Pero Gatti era majo, y conservaba relación personal con su antigua casa. Con Gian Fernando Tomaselli, por ejemplo. Ciclista de éxito, mánager de Bianchi. Y un bocazas, un bocazas enorme. Buen palmarés, pero... fue quien habló con Gatti. Sí, mira, andamos a puntito de cerrarlo todo. Con el *Corriere della Sera* y el Touring Club Italia. Sí, entre ellos y Bianchi vamos a hacer una vuelta ciclista que dé la vuelta al país. No se lo cuentes a nadie...

Y Gatti (majo, pero rencoroso; majo, pero algo cabrón) anduvo presto a contarlo.

Con esto les va Morgagni a su jefe Costamagna y su redactor Cougnet. Vaya, parece buena idea. Pero es que estamos prácticamente en quiebra. Lanzamos muchos periódicos, pero pagamos regular a los reporteros y periodistas. En fin, que está todo inventado... Cougnet piensa que, oye, igual sí, por qué no. Si ya hicieron Milán-San Remo y el Giro de Lombardía. O sea, que sabe. Y luego que sin Giro... pues nos vamos todos a la mierda. Tenemos un diario y mucho espacio libre para el autobombo... Igual deberíamos empezar por ahí.

*Ecco... il Giro.*

Siete de agosto, 1908. Titular a todo lo ancho en portada. Falta el dinero, eso sí. Hablemos con alguien, saquemos los cuartos al primer inocente que quiera mandanga. Total, no tenemos nada que perder... jajaja, ¿lo entiendes?, que estamos *pelaos*, colega, *pelaos*. El elegido fue Primo Bongrani, tipo simpaticote y contable de un banco, la Cassa di Risparmio. Entra hasta el fondo, el pobre, porque le encanta eso de la bici, y porque quiere emociones en su no emocionante existencia. No solo suelta parné, sino que los ayudó con patrocinador. Joder, estamos de suerte, tío.

(Bongrani fue tan bueno en sus bisbiseos que sacó cuartos a un buen montón de empresas, y hasta logra pellizco desde el mismísimo *Corriere della Sera*... sí, sí, como lo escuchan, convenció a sus dueños de que el proyecto de la *Gazzetta* estaba totalmente cerrado y estos no dudaron en aflojar panoja. Tiene mi *dies*, señor Bongrani. También lo tiene Francesco Sghirla, antiguo periodista en la *Gazzetta*, que enredó para el asunto al Casino di San Remo. Pasta y glamur. Esto ya sí parece una carrera de bicis).

Vale, de primeras pinta bien. Tenemos 166 inscritos. De varios países, no se crean. Italianos, claro, pero también veinte que llegan desde fuera. O diecinueve, porque el triestino ese acabará siendo de los nuestros que lo sé yo, háganme caso. También había belgas. Y franceses. Y alemanes. Hasta un argentino *extraviao*. Al final solo van a salir 127 tíos, que no está nada mal. Eso sí, el tema de los foráneos quedó deslucido, porque las marcas comerciales querían ir a lo seguro, y mandaron a sus mozuelos al Tour de Bélgica, que es algo mucho más asentadete, y con aroma a pasta que tira para atrás. Como el ciclismo es cosa pillastres algunos (tíos como Georget o Dortignacq) hicieron preinscripción bajo pseudónimo (bueno, bajo nombres ridículos como Gingdt o Caliste, que suena a helado veraniego con anunciante paliducho) pero aquello no llegó a buen puerto, porque... porque, en fin, lean lo anterior, tampoco tenemos que extender más el asunto. Así que solo cinco extranjeros en la línea de salida. Lucien Petit-Breton, Louis Trousselier, André Pottier, Maurice Decaup (todos ellos llegaban desde el Hexágono) y Henry Heller, ciudadano de Trieste (*Trieste Libera e Redenta*, hostias, ya). Ah, también había un conjunto inglés... porque la empresa británica de bicis Rudge-Whitworth patrocinó a Carlo Galetti, Giovanni Cuniolo y Ernesto Azzini...

Así que... día grande. Jueves, Milán, frente a las oficinas de *La Gazzetta dello Sport*. Piazzale Loreto, aunque esto sucede treinta y seis años antes del fiestón gordo en la Piazzale Loreto, cuando lo de los embutidos *colgaos*. No se olviden, nunca, de los embutidos colgaos. Y, en fin, que los ciclistas van pasando, uno a uno, delante de un fotógrafo, para que los jueces tuviesen sus retratos y nadie se cambiase por un gemelo malvado en algún punto intermedio. Que ya sabes lo puto golfos que son algunos ciclistas...

Son las 2:53 de la mañana y Vittorio Cavenaghi, presidente de la Federación Italiana de Ciclismo, da salida. Primera etapa en la historia del Giro. Un sueño que nace. De Milán a Bolonia, apenas 397 kilómetros, que no es plan de cansarnos desde el principio. Sale también una caravana compuesta por un total de ocho vehículos: cuatro para atender a los ciclistas, dos para reporteros, uno para jueces y otro para miembros de la organización. También hay *tifosi* que aplauden enfebrecidos, como si tuviesen la enfermedad de la bici en sus venas. Cuidado con esto, ¿eh?, porque *tifosi* viene del tifus, que es una cosa con la que te puedes morir y que, en los últimos estertores, provoca delirios y espasmos parecidos a los que aún hoy puede ver usted en cada cuneta (salvo si ataca Jai Hindley, que la gente no mueve ni dos músculos entre pestañas y labios). Vamos, que se les llama *tifosi* porque «epilépticos» quedaba muy largo...

¿Dijimos que era de madrugada? Como el tema de las luces iba fatal, los aficionados cargan antorchas. Queda todo muy friki, muy *Star Trek*, muy no quiero acordarme de más ejemplos porque todos me salen súper fascistas. Cuando la gente queda atrás y el brillo se desvanece... hostias. Ni dos kilómetros y el Giro de Italia sufre su primera montonera. Un niño asustado, dicen algunos. Que no se ve *na*, gritan los otros. Giovanni Gerbi, a quien llaman «El Diablo Rojo», se lleva la peor parte. *Coglioni. Cazzo.* Rueda hecha un ocho, horquilla como las grietas del Cervino. *Cazzo. Coglioni.* No pasa nada, Giovanni da media vuelta y se acerca hasta la tienda de Bianchi en Milán, que, con esto del Giro, estaba *open*. Primer establecimiento de bicis nocturnas, como esos que salen ahora por las ciudades, tan hipsters, tan llenos de barbudos y pijos que fingen no serlo. Pero... Gerbi. Que arregla la máquina, Gerbi, y sale persiguiendo, Gerbi. Pasan unos minutos de las tres, otra más y me vuelvo a casa. La última, lo prometo.

El Giro tenía ocho etapas en total. Para 2448 kilómetros, lo que da una media de... esperen... sí, algo más de trescientos por día. *Not bad.* El primero saca media un poco superior a los veintisiete kilómetros por hora, que yo solo lo veo, eso, cuando tengo entrenamiento llanuco, llanuco... Ya si meto Carmona... olvídate. Así que mérito, creo.

Pero estábamos aún en Lombardía. A mala hostia, además. ¿Quieren subiditas? Pues vamos a treparnos por el Lago di Garda, que es una cosa muy chula. No vean qué amaneceres, qué belleza. Solo que ustedes lo pillan de noche, y jadeando. En fin, qué le vamos a hacer. Hay caídas. Petit-Breton piensa que se ha hecho pupita de la gorda, que debe retirarse, pero no. Nada, tranquis, que solo tengo el hombro fuera. Espera, me lo recoloco con la otra mano. Ay, joder, eso dolió, pero mira, mira qué sonrisa. Si me dan ganas hasta de cantar. En fin, seguimos. Siempre seguimos.

Pasadas las cinco de la tarde llegan a Bolonia. Justo cuando los primeros ciclistas entran en la ciudad empieza a llover. Na, chispea, esto para ahora. Jamás confíen, el ciclismo fue deporte predilecto para Murphy (al menos hasta que empezaron a suspenderse etapas porque «el aire está denso y me escuece en el vello de mis brazos»). Así que diluvio. Después de catorce horas de carrera Dario Beni se impone en la primera etapa de cualquier Giro. Tras él... bueno, a ver... cómo explicarlo. Mire usted, es que jarreaba, y tengo algunas dioptrías, y mezclé ácido clorhídrico con... no, espera, con anhídrido carbónico... no, vamos, que la he *liao* parda, que no me he enterado muy bien del orden, ¿eh?, ya lo siento, señor que solo ve el ciclismo como un banco de datos. Un poco a ojo fue, sí. En fin... qué más da.

(La clasificación general se decidía por puntos, y no por tiempo. De hecho, quien menos horas invierte en esos casi 2500 kilómetros no fue ganador final. Eso sí que es cruel. Lo puto peor. Horrible. Vuelvan a leerlo. Para pasarse al curling).

De ahí en adelante... historias. Giovanni Gerbi parando en una granja y pidiendo permiso para echarse un rato sobre la hierba. «Es que esto es muy duro, no se hace usted cargo». A un tal Andrea Provinciali lo descalifican por gafe (hay que ser gafe para subirte a un tren, algo completamente lógico en mitad de una carrera ciclista, y coincidir con los jueces en el vagón-restaurante). Cuniolo partiéndose un tendón de su rodilla mientras ascendía (siempre en pie, desarrollo imposible, carreteras que no son carreteras) el Valico del Macerone (cuatro kilómetros al ocho por ciento) después de haber hecho lo propio con el Piano delle Cinque Miglia (quince kilómetros al cinco por ciento). Otros tiempos, otros medios, otros tipos. Ya ven, fruslerías. Ah, ese día la etapa terminaba en Nápoles, y los seguidores partenopeos estaban tan enfervorizados que Armando Cougnet, director de carrera, tuvo que abrir paso a los ciclistas utilizando un látigo, como si fuera Ben-Hur. Sí, amigos, el director de una Gran Vuelta azotó a los fans, y no fue con etapas cada vez más cortas y emoción mantenida artificialmente.

Pero qué fantasía es esta...

El Giro estuvo a punto de morir por éxito. Penúltima etapa, llegada a Turín. Y la línea de meta la ponen... espera, ¿dónde habéis puesto la línea de meta?, que aquí no hay ninguna línea de meta, que yo no veo la línea de meta... Mira, es que lo guardamos en secreto, cada ciclista tiene un mapa del tesoro y... Había tantos *tifosi* que Cougnet decidió no hacer oficial dónde terminaba la competición hasta unos kilómetros antes. Pero, olvidos que tiene uno, se le pasó contárselo a los jueces de carrera. Vamos, que otra vez se cogieron los puestos de llegada un poco a ojo. Para la última fue aún peor, porque ni siquiera los ciclistas sabían dónde terminaba exactamente (no habían leído *El Escarabajo de Oro*, y así no hay manera), y además hubo caídas, y se cerraron pasos a nivel, y en la misma línea de meta, un poco improvisada, se desbocó un caballo, y varios tipos acabaron arrastrando morruco por los adoquines. Ya ven, qué risa. Bueno, el caso es que ganó Ganna (no Filippo, sino Luigi), quien entró ese último día a rueda de su rival Carlo Galetti. Solo un par de puntos separaron a los dos hombres. Lo que, después de tantas aventuras, parece algo ridículo, ¿no creen?

Primeras declaraciones del vencedor. Primeras declaraciones del primer vencedor que tendrá para siempre el Giro de Italia. Algo histórico, algo legendario, unas palabras que quedarán grabadas en el frontispicio de ese enorme templo que es la bicicleta. Las que repetirán los niños, las que se convertirán en icónicas. Haremos camisetas y tazas, sí, con estas primeras declaraciones de Luigi Ganna. Veamos... silencio, que empieza la entrevista.

Enhorabuena, *signore* Ganna, *complimenti*. Díganos, ¿qué se siente al ganar una carrera como esta?

Ganna toma aire, y responde, cansado.

*Me brüsa tanto el cü.*

Sí, amigos.

*Me arde el culo.*

Bienvenidos al Giro de Italia.

## CUANDO COPPI NACIÓ EN ABETONE

16/05/2021, *El Confidencial*

Anda estos días el Giro dando vueltas de un lado a otro por los Apeninos, como si fuera Marco buscando a la madre. Hemos tenido lo de Campo Felice, lo de Castel di Sangro, también Foligno, Ascoli Piceno o Guardia Sanframondi. Que merece la pena decirlos todos, porque los nombres italianos suenan así, como a ganas de vivir la vida y tomarse cafés riquísimos de un trago.

Anda el Giro, decía, por los Apeninos. Cercanías de Florencia, además. Y allí de ciclismo saben un rato. Tienen historias, a montones. De Médicis, y Savonarolas (ay, Savonarola, qué inmenso payaso... y sus émulos peor), de catedrales que son alucinantes... pero también sobre bicis. La más grande de todas, quizá. Y mira que llevamos siglo y pico con esto de la *Corsa*, pero... Nada menos que el nacimiento de una leyenda. Una de verdad, que ahora hay leyendas tras cada etapa con final en alto. No, no... leyendas, lo que se dice leyendas... ocho o diez en toda la historia de este bendito deporte.

Y Fausto Coppi aparece en esa lista, claro.

Aquel 29 de mayo, año 1940 (miércoles, por si quieren data) Fausto Coppi observa la arquitectura de Florencia. Es ciclista. Jovencillo, cuerpo delgado y zancudo como una cigüeña de malos andares. Es, también, un conscripto con permiso especial para correr, porque anda Italia preparándose para lo que nadie quiere preparación, y está el reclutamiento forzoso de un forzoso grandísimo. Pero bueno, que a él lo han dejado que haga sus cosas, porque tiene futuro, y además lleva el maillot más prestigioso de toda la Bota. Ese verde botella con mangas rojas, palabra «Legnano» en el pecho. Joder, no hay nada tan viril y patriótico como eso (salvo, quizá, el mentón fantochesco de Mussolini), con su Federico Barbarroja huyendo con el rabo entre las patas, sus ciudades pasándole mano por morruco a los Hohenstaufen y sus *Canto degli italiani* (demasiado optimista en lo cronológico, añadiré). Pero, oye, que mola y ennoblece, el color Legnano.

Encima lo está haciendo bastante bien. Fausto Coppi, decimos. Nada menos que tercero en la general cuando va ya media prueba. Sí, sí. Primero Enrico Mollo, segundo Severino Cavanesi, tercero Fausto Coppi, por debajo de los tres minutos. Bien, aunque su labor era otra. Gregario puro y duro. El chico apunta alto, pero es que... Por delante tiene al mejor ciclista que hay. Quizá el mejor que haya habido. Así, sin paños calientes, seamos serios. En aquel tiempo Gino Bartali era Dios (solo que a él eso le hubiese parecido un sacrilegio, así que lo retiramos).

Un aparte. Gino Bartali es otra de esas ocho o diez leyendas de siempre. Ya ven, cosa seria lo que contamos hoy.

¿Invencible? Bueno, a veces lo pareció. Para entonces lleva ya Bartali un par de victorias en el Giro, también Tour de Francia. Más cositas. Dos San Remo. Tres Lombardías (seis pódiums consecutivos). País Vasco. Otro triplete en el Campeonato de Italia, qué bonita la *tricolore*. Ya ven, fruslerías. Sumen el Tour de 1937, que lo tenía encaminado antes de despeñarse torrente abajo allá en el Couleau. Vamos, que dominaba de lo lindo. Tenía buenas piernas, mala hostia y suerte divina, que para eso rezaba a diario (claro que el muy truhán también salía a entrenar un montón, así que tanta confianza no tendría en la ayuda de suso). Pero, a veces, el destino se te cruza.

El destino o un perro, vaya. Fue bajando el Passo della Scoffera, camino de Génova. Gino cae, nadie sabe qué ocurre, cómo está. El fémur roto, dicen aquellos, un hombro fuera de sitio, responden los de más allá. Se lo ha colocado él mismo, fíjate qué duro es. En fin, leyenda y *è certo*. Debió ser serio, porque los médicos dicen que abandone inmediatamente. Bartali, toscano sardónico de tosca faz, escupe. Yo no me marcho. Sube a la bici, insulta al puto perro (a esas alturas estaría ya por Niza, más o menos) y reemprende la marcha. Pierde minutada en meta. Día aciago para el equipo Legnano, porque ni siquiera pudieron ganar la etapa. Pavesi, el director, animó a un joven gregario de Bartali que anda filtrado en escapada. Tira, tira, a ver si al menos arreglamos la tarde. Pero nada, segundo. A Fausto Coppi lo adelanta Pierino Favalli, esprint poderoso. Mismo tiempo que el primero en la general, pero tercero por puestos. Tampoco *maglia*. *Cazzo*.

Pavesi, a quien llaman El Abogado, mastica futuros. Sabe lo que lleva, sabe lo que va a pasar más tarde. Que espere. Ya vendrá todo. Todo.

Eberardo Pavesi es una de esas historias que el tiempo parece llevarse. Ciclista profesional a principios del siglo XX, si es que eso significaba alguna cosa entonces. Dos veces segundo en el Giro, ganador en 1912, aquella edición tan raruna donde se corrió por escuadras. Vestía colores de Atala junto a Luigi Ganna, Giovanni Micheletto y Carlo Galetti. Luego se retiró (la Primera Guerra Mundial ayudó bastante) y empezó a dirigir. Legnano. Aguantó allí ratuco. A ver, cómo decirlo... se pone tras el volante para seguir a *maglias ramarri* en 1921 y la jubilación le llega... en 1966. Ya ven, cuarenta y cinco añitos. Ochenta y tres suma durante su última temporada en activo. Enciclopedia ciclista que vive y respira. ¿Victorias? Pues bastantes. Tantas como para ser considerado el director más exitoso de todos los tiempos. Veamos. Catorce Giros de Italia (trece de sus primeras veinte participaciones como mánager), dos Tour de Francia, ocho San Remo, doce Lombardías. Ciento veintitrés etapas vencidas en la *Corsa Rosa*. Vamos, no me digan que no es alucinante...

Bueno, pues este Pavesi confía, confía ciegamente en aquel chavalín que parece hecho para cualquier cosa que no sea el deporte. Sabe de su potencial. Se lo ha dicho Cavanna, se lo ha confirmado más gente. Y espera.

Sucede camino de Módena. Etapa once. Saliendo desde el mismísimo hogar de Gino Bartali. Que ha perdido aún más tiempo, que ya no cuenta. No se llevan demasiado bien el joven y el líder. Demasiado distintos. Gino vocifera, hace aspavientos, impone hecho y palabra. Coppi, rostro de melancolía trémula, asiente en silencio. Sí, Gino. Claro, Gino. Haré lo que dices, Gino. Más que aconsejar, el toscano parece marcar un itinerario recto. Pero lleva tantas curvas la bici...

Sendas clásicas. Desde varios puntos de vista, claro. Terreno sacro para el Giro, espacios donde el Renacimiento te salta a los párpados, hop, tras cada curva. Y lo otro. Por allí se hizo la primera carrera de velocípedos que jamás vio Italia. Al menos en ruta. Fue la Firenze-Pistoia, año 1870, nada menos. Dos de febrero, por aprovechar el fresco. Ganó Rynier van Nest, un yanqui, que ya es mala suerte. Su media apenas superó los trece kilómetros por hora.

(Si quieren verlo de otra forma la primera carrera italiana de ciclismo en ruta se celebró antes de que Italia fuese Italia, porque aún quedaba Roma por conquistar. No me dirán que no es sintomático).

La etapa tenía su miga, no vayan a creerse. Primero llaneaba hasta Pistoia, luego subía el Passo Prunetta, después Opio. Descenso, La Lima, trepar Abetone, el puerto más duro de la jornada. De allí hasta Módena... más de cien kilómetros, Barigazzo, Monfestino asomando ya llanura. Dos mil y pico metros de desnivel. Aun hoy, terrenuco para jugar a ciclistas. Y aquel día jugaron. Vaya si jugaron.

Coppi, sobre todo.

Un milagro, quizá. Atravesando niebla, celliscas que traen copitos blancos, rostro tranquilo, marrón. Pavesi piensa, apuesta. Libertad. Coppi, como han hecho siempre los grandes, aprovecha la primera oportunidad que tiene. Un demarraje, otro, otro más. En Abetone. Cada vez más fuerte, cada vez más violento. Hasta que se va solo. Restan ciento y pico kilómetros a meta. En Módena logra su primera victoria como profesional, su primera *maglia* rosa. Es el comienzo de algo, de algo grande. Bartali lo felicita entre sombras de rencor, porque Bartali es listo y sabe que aquello representa más amenaza que alegría en su hogar. Coppi ha sacado casi cuatro minutos a todos sus perseguidores. En ese grupo entra

Gino. No relevó ni una vez, porque Pavesi manda. Pero yo soy más fuerte, piensa. Pero yo pude, piensa.

Pasaron más cosas en aquel Giro. Cómo no, con esos protagonistas, ¿verdad? Estuvo lo del veneno. Cómo... ¿no lo sabían? Sí, sí, justo antes de la primera jornada dolomítica, la que lleva ciclistas hasta Pieve di Cadore. Al menos eso decía el de Castellania. Otros, maliciosos, comentaban que oye, no me cuadra, lo que pasa es que se ha hinchado a comer temiendo desfallecimientos y... en fin. Pecadillo de novato. Vomitonas en cunetas de alta montaña, a tomar por culo el Giro, tendrás más oportunidades en años siguientes. Solo que no. Bartali espera, Bartali consuela. Tranquilo, Fausto, no te pongas nervioso, los pillamos, como me llamo Gino que los pillamos.

Casi. Entraron a un puñado de segundos, nada por lo que lamentarse. Peligro que se fue. Ambos sonríen, satisfechos. El viejo con esa socarronería tan suya, con ese «mira, yo es que me las sé todas» de colmillo afilado. Coppi, tímido, asiente y responde amable. Queda aún la etapa más difícil, pero todos saben lo que está a punto de ocurrir.

El primero Pavesi, que por eso tiene el culo pelado de ver ciclistas, campeones y circunstancias. Uno no dirige a Binda (con lo que era Binda, y lo complicado que resultaba pillarlo en la cama por las noches) sin firmar un máster en el asunto. Por eso el día de Ortisei Pavesi se adelanta al pelotón. Aquella jornada es corta, solo 110 kilómetros, pero los ciclistas van a afrontar tres dificultades jamás subidas en el Giro. Falzarego, el Pordoi, Passo Sella. Los mismísimos Dolomitas que asoman, dientes afilados, respirar de depredador al acecho frente a aquellos hombres tan pequeñines. Algunos, claro. Otros... gigantes. Pavesi se adelanta, digo, y llega hasta la cima del Falzarego, primer puerto del día. Allí hay un pequeño refugio, uno de esos con techos muy inclinados para cuando carga la nieve. Que carga... no vean ustedes si carga. Bueno, pues Eberardo entra a la casita, pone unas liras sobre la barra que tienen allá. Te dejo dos cafés pagados para mis chicos, dice al dueño. Y el otro, bellunese de pocas palabras y muchos silencios, lo mira. Y cómo sabré que son los suyos. Pavesi carraspea, mastica sonreíres. Oh, es fácil. Uno lleva la *maglia* rosa, otro va vestido con la *tricolore*. Ah, y llegarán aquí los primeros.

Pasó, claro. Escapada desde el principio, todas las curvas, todas las pendientes que sucumben ante aquellos dos hombres. Los dos que serán uno en adelante, de todas esas veces que se dirán seguidos, *CoppiyBartali*. Cuentan que, si Coppi desfallece subiendo Pordoi, si Bartali lo espera. Cuentan que, si Bartali se equivoca en un cruce bajando Sella, si Coppi está tentado para marcharse solo, si es el mismísimo Pavesi quien debe poner orden. Al final... frenos, Gino vuelve, gana en Ortisei con el chavaluco al *lao*. El siguiente, dos minutos más tarde. El séptimo por encima de los seis. Seguramente aquel día entendió Eberardo que un mismo equipo era demasiado pequeño para aquellos dos monstruos. Hasta un solo país, claro, se les iba a quedar chico...

Fin. Última etapa, Verona y Milano. Allí Coppi cree que ha logrado el parcial, solo para darse cuenta de que falta una vuelta al velódromo. Hace segundo, tras Adolfo Leoni, Gino Bartali. Gestos, desafíos en la distancia. «Ganó el Giro gracias a mí», dice el de Toscana. Coppi se limita a sonreír. Ya habrá tiempo de que hablen las piernas. Tienen toda la vida por delante, jamás nadie ganó el Giro a tan corta edad. Es nueve de junio, año 1940.

Al día siguiente Mussolini sale al balcón del Palazzo Venezia en Roma y empieza a decir gilipolleces con el mentón en alto. Italia entra en la Segunda Guerra Mundial.

El día once, apenas dos después de ganar el Giro, a Fausto Coppi lo llaman a filas. Ya no es ciclista de éxito, sino el soldado número 7375 del Cuerpo de Infantería...

Historias.

# DOLOMITAS QUE NO FUERON, Y OTROS CUENTOS PARA NIÑOS

24/05/2021, *El Confidencial*

Los Dolomitas. Ay, los Dolomitas, qué les voy a contar yo de los Dolomitas. Las montañas más chulas del mundo, dicen quienes conocen (a mí me llevas más allá del Castro Valnera y ya me pierdo, ¿eh?... eso sí, tenemos unos hayedos preciosos). Con sus penachos calizos, sus grises rasgueados en blanco nieve, sus pinos surgiendo aquí y allá (hasta los pinos parecen más erguidos que en otros montes, y no llevo claro si los irán moviendo para que queden mejor en las postales). Vamos, un paraíso. También un infierno, ojo. Sobre todo si vas en bici.

Dicen que la idea fue de Achille Starace, que era tipo muy importante en esto del fascismo, y hasta presidente del Comité Olímpico Italiano (para escandalizarse, ¿no creen?... es como si un falangista hubiese sido presidente del Comité Olímpico Internacional... ¿cómo?, ¿qué?, esperen, que me están entrando dos o tres mensajes). Pues eso, que fue su ocurrencia. Porque en el Trentino, y en el Tirol del Sur y en todas aquellas zonas andaban los italianos un poco... bueno, un poco demasiado poco italianos. Vamos, que seguían hablando alemán, los muy protestantes, aduciendo no sé qué de que aquello era Italia solo desde la Gran Guerra, y que lo de Alto Adigio sonaba como a obertura de

Puccini, y que a mí dame un buen Habsburgo, hombre, que son gente seria y de rasgos faciales bien *marcaos*. Más o menos, ya saben. Vamos, que si tú eres de un centralismo tirando a grandote (como le pasaba a Benito) aquello te sentaba cual patada en los mismos, y acababas rasgándote la camisa negra con lo de italianizar a aquellos italianos que no eran suficientemente italianos para lo italianos que somos nosotros. Mire, mire qué mentones mirando al cielo, mire que pechos más poderosos. Somos hijos de la Providencia y el futuro. *Giovinneza, Giovinezza, Primavera di belleza*. Aquel, el del fondo, esos agudos un poco menos agudos, qué se piensa que es esto...

Pues eso, imaginó el bueno de Starace que el Giro era óptima forma de nacionalizar a aquellos bárbaros irredentos. Para allá que se fue, a organizar el asunto. Los montañeses miraban un poco de esa manera, como con los ojos entrecerrados. Sí, excelencia, claro, excelencia. ¿Ha probado el speck? Pues oiga, delicioso... Lo tenemos curando durante meses. Sí, sí, aquí, colgados, como si fueran maleantes recién henchidos de justicia. ¿Le gusta la estampa, señor Starace? Pruebe, pruebe. Es algo fuerte, pero merece la pena...

Así que... a los Dolomitas. En 1937 debutan. Rolle y Costalunga, etapa diecinueve. Gana Gino Bartali, casi seis minutos al segundo. Líder Gino Bartali, ocho minutos al segundo. Un día más tarde suben Mendola. Gana Bartali, sigue líder. La cosa es un éxito deportivo, pero va regular en lo político, porque Gino tiraba más a la Iglesia Católica, y nunca se puso una camisa demasiado oscura (eso es para los sacerdotes), y le costaba un montón levantar el brazo, y hostia, podía haber ganado un fascista en condiciones, ¿no?, que tampoco pedimos tanto, que para eso se manda aquí, joder, ya. Al año siguiente debutan Mauria y Fugazze, también Falzarego, Pordi y Sella en la inolvidable etapa de 1940, con Bartali y Coppi escapados desde la salida y Pavesi pagando cafés a cantineros afortunados. Bartali y Coppi. Un meapilas y un rojazo, cojones. No tenemos suerte, camaradas, cualquier semana de estas hasta se nos travisten los balillas...

Desde ahí... la leyenda. Cada año (casi cada año) los Dolomitas son juez del Giro. Muchas veces deciden ganador final, siempre dejan estampas de esas que te tiras minutos y minutos mirándolas por la tele, como *atontao*, qué bonito todo, qué carreteras más chulas, mira cuánto *tornanti*, un día tengo que conocer esos puertos. Y luego miras tus piernas, y un poco también a eso que hay entre el pecho y el vientre, y decides que no, que no jodas, que mañana San Cipriano y a ritmo, no vayamos a cansarnos...

Antes de los Dolomitas, este Giro 2021 llegó a Gorizia, en etapa sin demasiada historia que iba a un sitio con demasiada historia. Curiosete. Vamos, que Gorizia es uno y trino, porque tenemos Gorizia, Novo Gorica y la vida de ambos. Una división complicada tras la Segunda Guerra Mundial, porque al Telón de Acero le dio por caer justo allí y a alguno casi le pilla las manucas. Un poco como lo de Trieste, solo que en pequeño, claro. Al final... pues eso, división, un nuevo pueblo que nace en el país de Tito y Gorizia se queda con sus colegas italianos. Gente curiosa, los de Gorizia. Carlo Rubbia, que es Premio Nobel de Física (un Premio Nobel, querido lector es como ganar Giro y Tour el mismo año), por lo que debe ser tipo listísimo (más que Lefevere, incluso). O Isabel de Carintia, que fue soberana de Sicilia, aquel reino tan de peli, con sus vikingos ya normandizados, sus musulmanes, sus ruinas griegas, su solecito en primavera, sus torradas en verano. Otro día hablamos de eso...

Así que... Gorizia. Un montón de historia, dijimos. Muy poca historia en la etapa, debemos añadir. Lo siento mucho, no es cosa mía, son los recorridos, y las piernas, y la fatiga, ¿eh?, la fatiga, qué duro es este deporte, Pedro. Todo unido. Vamos, que nada. Casi nada. Tanto para tan poco. Victoria de Campenaerts. Otra vez que llegan los muchachos de la fuga. Diferencias grandes. Enormes. Inmensas. De bochorno. Empezamos a tener la mosca zumbando aquí, detrás de la oreja. Igual... no sé, no es cosa de volverte osado con afirmaciones fuertes, pero igual... a lo mejor todas estas etapas se están corriendo a ritmillos un poco así como... fáciles, ¿no? Vamos, que el Giro se lo están fumando como usted aquel examen de Derecho Administrativo que tenía un sábado por la mañana (ya es mala leche poner esa hora, también te comento). Poca épica (en aquel examen no, en aquel examen hubo épica a borbotones). Ah, se cayó Buchmann y abandonó, cuando aún no se llevaban ni diez kilómetros. Parecía ir progresando. Sin despertar hordas de fans, pero lo parecía. En fin. Gorizia[1].

Y después... los Dolomitas. Ya era hora. Ciclismo del bueno, del de verdad. Historia y competición. Este año, menú de los gordos. De los clásicos, también. La Crosetta de salida (tachuelilla, apenas doce kilómetros al siete por ciento, ya saben), luego Fedaia, Pordoi, Giau. Vuelvan a leerlo. Fedaia, Pordoi, Giau. La Malga Ciapela, Bugno muriéndose y siendo más elegante que usted el día de su boda, Olano pillando a Tonkov (lo juro), a Roche que le escupen y él saluda sonriente, Lejarreta hundiéndose año tras año. Qué de risas. Qué de miedos.

¿Miedos? ¿Dijimos miedos? Demasiado. Confusión, porque nadie quiere responsabilizarse de algo tan aberrante. ¿En pocas palabras? Los organizadores se cepillan Fedaia y Pordoi, porque hace frío allá arriba y estos sanos muchachos pueden quedarse pajarines. Así que mutilación a lo grande, Giau como único puerto a distancia «normal» y una sensación bien gorda de que el Giro está entre Moser y Saronni, ustedes me entienden. Cómo será el asunto que hasta los ciclistas dicen que por ellos bien, que ellos quieren correr, pero que la UCI y el Giro les obligan a no hacerlo. La culpa es tuya. No, tuya. No, del de más allá. Entre medias... se nos muere el ciclismo.

Bien, vamos a hablar desde el sillón de mi casa, por si alguno duda. Es decir, que me adelanto a las quejas de «es que calentito en tu hogar es muy fácil», «es que nunca has hecho doscientos kilómetros bajo la lluvia», «es que los periodistas no corréis en bici, porque estáis gordos, y sois viejos, y qué sabréis de estas cosas». Todo eso lo pueden decir, porque es verdad, y me importa bastante poco. Planteado el asunto... una vergüenza. Tenemos videos (porque hoy en día hay videos de todo) grabados en Fedaia y Pordoi. ¿Hay nieve? Hay nieve. ¿Está la carretera limpia? Está la carretera limpia. Frío hace, claro, porque a dos mil metros suele

[1] ¿Se acuerdan de Buchmann?

hacer frío. Pero ni siquiera anda la temperatura por debajo de los cero grados. Y estos tipos tienen la mejor ropa térmica a su alcance. Y los frenos de disco frenan acojonantemente en mojado, hasta un punto tal que es como descender sobre senda bien sequita. Y además hay medio centenar de coches siguiendo la prueba, así que nadie arriesga quedarse perdido en la montaña a merced de tigres albos. Y que se podía haber hecho todo perfectamente, cojones, ya, que esto es ciclismo en ruta, que para no mojarnos tenemos los velódromos. Ni es el Gavia, ni es Stelvio´65, ni es el Bondone. Cuando los protagonistas quieren correr y argumentan que la propia organización no les deja... raro.

Dos apreciaciones. Aquí no queremos circos romanos, porque circos tenemos de sobra en la tele. No se busca la agonía por la agonía, pero sí mantener ciertos elementos clásicos que han dibujado a este bendito deporte hasta lo que ahora es (o fue). Yo no disfrutaré nunca viendo a un tipo tiritando en la cuneta mientras intenta ponerse el chubasquero, pero es que hablamos de otro asunto. Si convertimos esto en una serie de salidas a veinte grados y con solecito acabará pareciéndose demasiado a mi calendario de entrenamiento. Y, oiga, nadie paga por verme entrenar. Bueno, igual sí (debe ser bastante grotesco), pero cosa diferente al ciclismo pro.

La segunda es plantearnos si realmente queremos metamorfosear el asunto. O, dicho de otra forma, si se anhela cambiar para siempre lo de la bici en ruta. En tal caso... sean ustedes honestos, y díganlo. Los ciclistas que hacen huelgas de piernas caídas de vez en cuando, los directores que levantan la voz contra etapas largas, los organizadores que aplican protocolos meteorológicos cuando el día pinta regular pero no dramático... Si buscan meter mano a los cimientos y transformar las carreras en rollo diferente (menos kilómetros, más dinamismo, más colorines, más estética vendible en YouTube) me lo dicen, lo discutimos y ya está. Pero de frente... nada de ciscarse en lo que siempre fue, en lo que siempre pensábamos que iba a ser. Si creen que es mejor para todos jugar al *scalextric* antes que correr el París-Dakar... bueno, no lo comparto, pero podemos entrar a debatir. Ahora, no me cambien una cosa por otra sin justificarse. O, dicho de otra forma, si me llevan a ver *Macbeth* luego que no llegue y los protagonistas sean El Rubius y Belén Esteban...

Dicho esto (abierto paraguas para críticas de los pelotas, los del seguidismo absoluto, y los «aplaude-famosos») vamos a la etapa. A lo que fue la etapa, lo que debió haber sido ya dijimos más arriba. ¿Saben qué? Olviden todo eso de Coppi, y de Bartali, olviden a Bugno, a Tonkov. Solo les sirve para deprimir su ánimo. O no. Disfruten el pasado, pero bajo su estricta responsabilidad.

¿La carrera? Bien gracias. Poca historia. Porque encima ni se vio, no se lo pierdan. Digamos que subiendo Giau pone ritmillo Education First, porque Carthy es uno de los que más elevó sus quejas cuando todo eso del recorte. Para entonces ya no estaba en el primer grupo Evenepoel, que parece totalmente fuera de sitio y seguramente ni salga el miércoles. Toca reflexionar sobre las expectativas excesivas que había en el chaval (error de todos, y ahí me incluyo) y sobre la extravagante preparación que se ha traído hasta la *Corsa Rosa* (lo que ya es solo culpa de Deceuninck). En fin, al menos es joven, otros ni eso.

A lo nuestro. Que tira Bettiol, tira Van Garderen (recién vuelto de sus vacaciones en la ignota Kadath), tira Simon Carr. Para nada. Quedan unos kilómetros hasta la cima y ataca la *maglia* rosa. Solo que Bernal no va de rosa, sino de negro, porque lleva puesto el chubasquero. Se lo quitará cuando falten unos cientos de metros a meta, perdiendo segundos a puñados pero dejando foto bonita para colgar en casa. Los unos le sobran, de las otras tiene colección.

Atacó Bernal, decimos, y... nada. La señal a tomar por saco, imágenes fijas, repeticiones que confunden a comentaristas poco atentos, referencias congeladas como mamuts en permafrost. Unas risas. Qué bonitos estos Giros de los ochenta (solo que entonces corrieron el Gavia y Corvara y las Tres Cimas). Dicen que hay osos polares atacando ciclistas durante el descenso, Viserion lanza llamaradas azules más allá del Muro, Brandon el Constructor tallando dos o tres morrillos y pingüinos de esos graciosetes que cruzan la carretera a la salida de cada curva. O algo así. Lo contrario (no nieve, no niebla, no Dante) sería algo bastante chapucero, ¿verdad?

En fin, que nos vamos a Cortina d´Ampezzo. A ver a la gente. Muy majos todos. Cada vez que los enfocaban, mascarilla abajo para salir guapos en la tele. Tiene buenas tiendas, Cortina. Mira qué chulo el empedrado, en Cortina. Vaya pedazo de campanario, el campanario de Cortina. Así veinte kilómetros.

Y oigan, que todo más o menos como pensábamos. Bernal gana y sentencia. No por tiempos, quizá, pero sí en cuanto a sensaciones. El más fuerte, en el mejor equipo y ante el terreno más favorable. Tiene pinta que con el recorrido inicialmente previsto la hostia hubiese sido aún mayor. Salvo desgracia, es suyo. Por detrás Bardet (que baja muy bien y parece ir entonando) y Caruso, que un día se pone el maillot de Mazzoleni, otro el de Bruseghin y al tercero sale vestido de Pellizotti o Giupponi, seguro que me entienden. Carthy quiere pero no puede, Ciccone llega hasta donde llega. Vlásov en goteo creciente. A Simon Yates le tocaba un día «no». El resto, comparsas. Se queda Bernal con el segundo a dos minutos, el tercero a tres, el cuarto a cuatro. Todo muy ordenado. Como las seis *maglias* rosas que tiene ya pedidas, talla escalador moderno.

Fue la (única) cara amable de un día enfurruñado desde el principio.

## ENTRE CURVAS, PINOS Y EL CIMON: HASTA LA CIMA DEL PASSO ROLLE

junio 2022, *Mountain Biker*

Debes tener sentido del humor.

Para subir el Passo Rolle, digo. Debes tener sentido del humor.

¿Por qué digo esto? Vamos a ver... yo salgo desde Primiero (qué pueblo más bonito Primiero, colegas) y hasta la cima tengo veintidós kilómetros. Al seis de media. Pero resulta, ojo porque es importante, que los dos primeros y los dos últimos pues... casi falso llano. Vamos, que la cosa pica. Pues bien, ¿saben cómo lo catalogan estos trentinos cachondos? Un segunda. Un segunda. Como la Cresta del Gallo, como la Braguía, como... no me jodas, esto no puede ser un segunda. Ay.

Digamos que tú empiezas a subir y pronto ves que va en serio, y, además, va a ser algo chulísimo. Buen asfalto, no demasiados coches (aunque conducidos a la italiana, seguro que me entienden), curva, contracurva, un puente, mira qué cabaña más bonita, jope, vaya herradura para sacar fotos. Así te tiras toda la primera parte. Ah, y luego está lo que dejas a la derecha, esa pared rocosa inmensa, casi vertical, que llaman el Pale di San Martino y resulta... bueno, igual es una de las visiones más impresionantes que vayan a tener ustedes antes de morirse. Se lo juro. Salvo que sean más de sacar fotos a la comida para subirlas al instagram, que en tal caso les recomiendo los gnocchis. Pero aquí hemos venido por la bici, ¿no?

A mitad de subida pasas por San Martino di Castrozza. ¿En pocas palabras? Uno de los primeros pueblos de montaña que vieron filón en esto del turismo. Vamos, que ya desde el siglo XIX la peña en San Martino dijo que guay, que las ovejas están bien, pero mola mucho más meter sablazos a turistas. Vamos, traigan por aquí ese Grand Tour, que le vea yo las patas al Grand Tour. Digamos que allí tenían experiencia, porque era zona de paso para peregrinos, y tenían hasta un hospicio con admonición, oh sorpresa, a San Martín, así que... Por San Martino echaron sus buenas tardes tipos pintorescos como Winston Churchill, Arthur Schnitzler o el gran Dino Buzzatti. También anduvo por la zona Ezra Pound, que era muy buen poeta, pero muy mala persona, y allá ustedes en decidir qué importa más con estos casos.

San Martino di Castrozza es casi ciudad. Viven allí unos 500 paisanos en temporada baja... y superan los 30 000 cuando la cosa se llena de nieve y acuden ricachones a gastar divisas. Se hace raro pedalear por sus calles. Hay paellas, hoteles con estilo austríaco pelín decadentes (con todo lo bello que significa decadencia cuando hablamos de construcciones en la montaña), carteles en varios idiomas, pasos de cebras, viejucos paseando perros ridículos, dos o tres rampas que superas metiendo tripa y bien cogido a las gomas, por aparentar. Siempre que paso por estos sitios me da sensación de haber extraviado la vía principal. Menudo drama, en su caso.

A partir de San Martino la carretera estrecha, y el trazado se hace más agreste. Quedan un montón de kilómetros metiditos en un bosque de coníferas. De hecho, todo huele a pino (pino cembra, allá dicen cirmolo), como en un anuncio de Míster Proper (que ahora es Don Limpio), y algunas curvas tienen alfombra de píceas amarronadas cubriendo el suelo. Patinan algo, pero tampoco ando yo derrapando en horquillas, no sé si me entienden. A lo lejos suenan torrentes (al más importante lo llaman Cismon), y como estás ya cercuca de los 2000 pues hay montones de vaho escapando en cada jadeo. A ratitos, incluso, cuando te metes en zona muy umbría, todo el cuerpo va echando humo, como si fuese locomotora antigua. Esto debe dar fotos bien chulas, pensaba, pero mejor que nadie me vea. Porque subo lento, realmente lento...

Y con cuidado, ojo. Dos días antes, en el Passo della Mendola, tuve sendos encuentros inesperados. Marmotas, ardillas. Las primeras... pues oigan, tampoco molan tanto. Quiero decir... ningún parecido con la peli de Bill Murray (qué grande es Bill Murray). La que yo vi era, más bien, una rata gigantesca posada sobre el culito y mirando con cara de mala hostia. Así que, oye, mejor solo nos saludamos, qué tal, qué tal, aquí un escritor en bici, muy buenas, soy un roedor esciuroformo, hasta luego, venga.

Mi otro encuentro fue con una ardilla. Que donde yo vivo también hay ardillas, pero son diferentes, de color marrón o rojizo, y mucho más chiquitucas. Y esta no, esta se había ciclado, y era gris, y tenía el mismo aire que un muslo de Olaf Ludwig. Y me atacó. Ya sé que suena a coña, pero... lo juro, esa ardilla me atacó. Salió corriendo del bosque, llegó hasta la cuneta, se lanzó contra mi bici. Mi bici que no era mi bici, que era prestada, que menudo acojone, porque explica tú al dueño, no, mira, que me he caído y te he destrozado la maquinorra esta porque sufrí el ataque de una simpática ardilla. En fin, nunca es demasiado pronto para hacer el ridi, supongo. Al final no hubo que lamentar daños, porque la ardilla chocó contra mi pierna y salió rebotada otra vez al *prao*, pero me apunto todo este tema como uno de los momentos más bizarros de mi existencia como cicloturista...

La parte alta de Rolle es lo más espectacular de todo. Hay un montón de herraduras, y sales del bosque, y tienes vistas acojonantes mires donde mires, y hasta llegas a un altiplano muy cerquita del cielo que parece el Tíbet (solo que el Tíbet de Italia está por Campo Imperatore) y coronas con muy poca pendiente, algo que siempre me gusta, porque meter plato gordo para los últimos kilómetros de un *col* te hace sentir como si fueras bueno, solo que no lo eres, no te vengas arriba, que no lo eres...

En lo más alto, pausa para hacer fotos de rigor. También miro a ver si las zapatas me rozan llanta, porque esto no es normal, no es normal. Llevo frenos de disco, bien, perfecto, un abrazo, síganme para más excusas fáciles. La cima del Passo Rolle es uno de esos sitios que desafían la mirada. Porque parece civilizado (con su *chiesetta*, su bar, sus salidas para hacer esquí bien señalizadas) pero muy pronto percibes que todo eso es el decorado, el trampantojo, y que realmente estás en el mismo corazón de la naturaleza. Plenos Dolomitas, a 1984 metros de altitud, el Pale di San Martino frente a ti, con su Cimon della Palla erguido, mayestático. Hay mucha nieve y hace frío de cojones, pero resulta todo tan cuco... Allá arriba se mueven nubes como glaciares en el cielo, y las rocas cambian de tono dependiendo de la luz que haya en cada instante. Vamos, que una pasada. Ah, es puerto mítico del Giro de Italia. En 1937 lo subieron por vez primera. Hago memoria. Gino Bartali. Pienso que, por unos minutos, «Marcos Pereda» será el último nombre en una lista que empieza con «Gino Bartali». Joder, qué sensación. Luego recuerdo que no estoy corriendo el Giro y me viene un poco de bajona, pero no pasa nada, porque ya estoy descendiendo en dirección al Passo Valles.

Que menudo infierno, el Passo Valles. Vaya trampa, el Passo Valles. Qué bonito el san bernardo que había en el Restaurante San Bernardo, allá por la cima del Passo Valles. Me llenó de babas, aquel san bernardo, para qué mentirles. Pero esa es otra historia. Una que incluye pájaras horribles, túneles sin iluminar y el tránsito reptante por Masoch, pueblo del que era lejanamente oriundo Leopold von Sacher-Masoch, «creador» del masoquismo.

Todo muy ciclista, sin duda.

## UN LUNÁTICO EN BICICLETA: SOBRE JOSÉ MANUEL FUENTE, EL «TARANGU»

08/12/2020, *Jot Down*

«Yo estoy seguro de que era un lunático. Que le afectaba la luna, vaya», contaba, años más tarde, Txomin Perurena. «No sé si era la llena o la nueva, en cuarto menguante o creciente, pero algo. Se le cruzaba un cable y no sabías por dónde iba a salir».

Al fondo, una figura silenciosa, pequeñita, rostro cetrino y concentrado, ojos mirando no se sabe muy bien qué. Fumando.

Al fondo el mejor escalador del mundo.

Con todos ustedes… José Manuel Fuente.

El Tarangu.

### Un chaval de Limanes

Hace calor en Torrelavega. Es nueve de septiembre, año 1968, y hace mucho calor en Torrelavega. Aquí pasa a veces, suradas tardías que dan dolor de cabeza. Conoce la zona, incluso llegó a defender los colores del equipo *Horno San José* (olor a azúcar del torrefacto en las terrazas de Argumosa). Pero José Manuel no piensa en eso. Lleva maillot Renault (no el francés, no el mítico de años más tarde, aún es solo aficionado) y un cartel manuscrito junto a su dorsal. Todos lo leen, se dan codazos. Qué se ha pensado este.

«Quien quiera ser segundo en la cima de El Escudo que me siga».

Al final no le sale del todo. Demasiado esfuerzo, demasiado generoso. Allí, arriba del puerto mudo, mirando a un mar que es solo embalse, Antonio García y Miguel Ángel Lazcano lo adelantan. No importa. Son las cosas de Tarangu, dicen.

José Manuel Fuente (Limanes, 1945) heredó apodo antes que nada. En parte porque así funcionan los pueblos pequeños (y aquel lo fue… pan de borona, casas con suelo de tierra, hórreos medio caídos frente al hogar) y en parte porque... en fin, no había mucho más en herencia. Su padre fue Tarangu, su abuelo fue Tarangu. Nadie sabe el origen, nadie sabe qué significaba entre veredas y seles. En las bicis… en las bicis quedó como sinónimo de anarquista trepador.

No el único, claro. Bahamontes, por ejemplo. O Gaul. O Trueba, Vietto, Pottier, Loroño. Tipos con tanta decisión que, a veces, se les nublaba el juicio. Bueno, en el caso de Bahamontes casi siempre, pero era tan genial que vamos a pasárselo por alto. Artistas, diría uno que busca engolarse. Niños de la pobreza que no crecieron por completo, contestará otro. Nos cuadra con Fuente. Las dos. Alguien impredecible, inconstante, que pasaba del entusiasmo a la decepción en pocos minutos. Pasado difícil. La casa humilde, cuatro vacas, maíz en los campos. A solo quince kilómetros del Pozo María Luisa, canturreo de primeras huelgas durante el franquismo. Una de esas parroquias donde la partida se juega en voz baja y, a veces, cuentan cosas entre susurros. Allí nació Tarangu. Eso fue, de alguna forma, carácter. El mismo que lo obligó a completar la etapa al día siguiente de haber muerto su hermano en un accidente. Viaja a Limanes de madrugada, vuelve hasta Reinosa para competir, ataca subiendo El Bardal, forma la escapada por Barruelo, pierde *volata* mucho más tarde, en Potes. Corre en homenaje al hermano.

Falleció mientras él llevaba un cartel anunciando ataques por El Escudo...

## Ese turista del que usted me habla

En mayo de 1971 Dalmacio Langarica tiene 51 años, el culo pelado y mucha mala hostia dentro. «A este Giro venimos con nueve corredores y un turista». Lo último es un mensaje a Tarangu.

Su director se las sabe todas. Consiguió domar durante 21 días a Bahamontes en 1959 así que aquello es para él como jugar con un cachorrito. Y, además, tenía algo de razón. A Fuente lo ficha el Kas después de un año prometedor en Karpy. Fue el primer neoprofesional en la Vuelta a España, vistiendo un invento jamás repetido que llevaba por nombre «Maillot Tigre» y tenía el peculiar aspecto que ustedes imaginan. Vamos, que era muy feo. En fin. Hizo decimosexto en aquella carrera. No estaba mal, pero pudo ser mejor si no se le hubiese cruzado (un aire que le dio) atacar como loco en Orduña cuando aquella no era su guerra, ni su ritmo, ni su nada. Pájara y perdida paulatina de puestos. Pero vamos, que destacaba. Tanto que lo ficha el mejor equipo español de entonces.

Kas era, de hecho, casi una selección oficiosa. Con sus maillots amarillos de mangas azules (colores invertidos en el Tour, respeto al *jaune* obliga) los vascos monopolizaban el calendario. Estar allí es llegar a lo más alto… y Tarangu sufre vértigo. Desastroso en la Vuelta a España. No ayuda, no destaca, no asoma el morro en las cumbres. Acaba el 54°, solo por delante de otros catorce ciclistas. Así que lo llevan al Giro casi *castigao*. Y algo ocurre.

A Fuente le gustaba Italia e Italia amaba a Fuente. Su carácter anárquico, sus desfallecimientos, su pasión totalmente irrefrenable... Todo eso encajaba a la perfección con los transalpinos, que pronto adoptan a aquel tipo de flequillo y ojos profundos como uno más entre los suyos. Ganará el Gran Premio de la Montaña (primero de cuatro consecutivos) y la etapa que acaba en Sestole. Después de esa victoria Langarica se dispone a abrazarlo efusivamente y Tarangu se zafa. «Solo le doy la mano a quienes me han ayudado», dice. En las buenas y en las malas.

Siempre es el mismo.

A partir de ahí... el *show*.

### Una nueva forma de entender las carreras

En 1972 Fuente sube 53 puestos en la Vuelta a España. Vamos, que la gana. Todo fragua en etapa que termina por Formigal, con su compañero Perurena de líder y el Tarangu escapado más de cien kilómetros. Bergareche, director de la carrera, implora a los del Kas que paren al asturiano. «Que no tiene nombre, no tiene caché, me jode la prueba, hacedlo desistir». Pero él... nada. Unos días más tarde demuestra que es ganador digno (exhibición en Orduña, venganza del año anterior) y que está como una puta cabra (subiendo Los Tornos se da la vuelta y baja unos metros para ayudar a que dos de sus equipiers, Lazcano y Linares, se reincorporen al pelotón). Ya está, es una estrella.

Y, esperando, Merckx.

«En el fondo tengo miedo. No quisiera que Merckx se ofendiera demasiado», dijo una vez el Tarangu. Otra *boutade*. Jamás conoció temor, y menos contra el belga. Solo en su gesto (y en el de Luis Ocaña) encontró un rival digno. No de sus fuerzas, no... digno de sus ganas de lucha, de su morirse cada día encima de la bici. «Yo salgo a entrenar y si no vuelvo reventado me da la sensación de no haber hecho nada».

Empieza este 1972, también, la leyenda de Tarangu con las pájaras. Desfallecimientos que le vienen con independencia de su vigor, dejándolo pegado al asfalto. Él busca causas en una escarlatina que sufrió de niño, «estuve diez días ciego». Sus riñones no curaron del todo y de ahí, decía, las bajadas de glucosa. Le pasó dos veces ese año en Italia. Camino de Catanzaro, vestido de rosa (había domeñado el Blockhaus, había traído recuerdos del mismo Bartali), cuando es incapaz de seguir a Merckx y Pettersson en un ataque casi de salida. O, bueno... los sigue y más tarde se descuelga. Por táctica, para cogerlos más tarde. Inútil, aquel día el belga agarra el lídere y ya no lo soltará. El otro punto aciago es la ruta a Jafferau Bardonecchia, con Fuente atacando en Sestriere (eco de Coppi, antesala de Chiapucci) y hundiéndose en la subida final, muro de seis kilómetros que Merckx sube a chepazos, masticando una naranja con piel (los hundimientos no entienden de mitos) y pasando por encima de Tarangu. A menos de mil metros de la llegada, allí donde lo surrealista toma forma, surge un árbol... en medio de la carretera. Un árbol. Como si fuese rotonda, pero sin serlo. Merckx pasa por su derecha, avanzando como un tractor. Fuente, un poco más tarde, toma el lado izquierdo, clavado a un asfalto que no es. Quedó segundo en aquel Giro (tercero y cuarto también fueron del Kas, su equipo mete a cinco entre los diez primeros), y se llevó la admiración de todos.

Porque era distinto. Con Fuente volvía Bahamontes. O, al menos, el espíritu de Bahamontes. Atacar siempre que la carretera se empine. A plato Tarangu, con cadencia Fede. Pero hacerlo cada instante, sin desaprovechar oportunidad. Tipos que ganan poco pero hacen perder mucho. Por eso le temían. Todos. Casi todos. Merckx, por ejemplo, no, porque (casi) siempre aceptaba una buena batalla. Dicen que si le intentó comprar en aquel primer Giro. Susurran que Tarangu respondió. «Cagonmimadre, a mí no me compran, *ho*». Cuentan, también, que se engancharon disputando los puntos en un puerto intrascendente, sus manillares tocándose, casi caen. Tarangu fue donde el belga, lo agarró del cuello y gritó. «Tú eres muy grande y yo muy pequeñito, pero baja de la bici que te voy a matar». Eddy pidió perdón, no se sabe si convencido o asustado. Es el mejor corredor de la historia (es el mejor deportista de siempre) pero a los locos hay que tenerles cierto respeto...

Al año siguiente la estrella de Tarangu decae algo en Italia. Sufre calambres en la primera tarde (el asturiano se excusa con que un espectador le echó agua fría en las piernas) y queda pronto descartado para la general. Premios menores. Etapa y montaña. Igual no es tan bueno. Rumia en silencio. Ya verán cuando cuadre la luna, ya verán.

La apoteosis. Giro de Italia, año 1974. Jamás sufrió tanto Merckx para ganar una carrera. Nunca se vio, en décadas, escalador tan dominante. Cada vez que hay un puerto... Fuente solo. Cuando quiere, como le da la gana. Se impone en Sorrento tras Faito, en Carpegna (*il Carpegna mi basta,* que dirá después Marco Pantani, hijo adoptivo de Tarangu), Il Ciocco, Monte Generoso, Tre Cime. También deja ganar a su compañero Lazcano en Iseo. Y entonces... oiga, ¿cómo es que no conquistó el Giro? La respuesta fácil es... bueno, porque era José Manuel Fuente.

Sucedió camino de San Remo. Duodécimo día consecutivo que llevaba la *maglia* rosa. Dos antes había superado la única crono del recorrido. Ahora quedaban los Dolomitas. Imposible caer derrotado. Más cuando Merckx no marcha. Jornada rompepiernas, agua y frío. Y el belga penando. Fuente lo ve. A este lo mato hoy. Pone a tirar a todos sus compañeros del Kas. Pero para qué, Tarangu, si ya eres primero. Aprieta, cagonmimadre, aprieta que lo destrozamos. Ya imaginan el final. Faltan treinta kilómetros a meta y Fuente no puede ni ver la carretera, tiene miedo de caerse en los descensos. Completamente vacío, perderá ocho minutos. Nadie se lo explica. Nadie, con todo, se atreve a tirar la toalla. Tarangu da una entrevista delirante en la misma línea de meta. «*Yo vinzo este Giro. Porto una moral como aquesta torre que está ahí. Domani yo meto cinco minutis a Merckx*». Es un chiflado, pero su forma es tan exuberante...

Lo demuestra aquí y allá. En Lavaredo, por ejemplo, después de pasarse la noche en vela, fumando, llamando a su esposa porque la echaba de menos, llorando por los pasillos del hotel. Los compañeros se enteran. En fin, fue bonito todo esto, llegará fuera de control. Gana la etapa, claro, y en meta se queja de que las Tres Cimas de Lavaredo no son tan duras, que hay un tramo de llano, que lleva un piñón de 25 dientes y le sobran dos, que con diez kilómetros más se hubiera puesto de líder. Nadie le entiende, todos lo adoran. Las imágenes de la subida, con *tifosi* entregados, transmiten, más que pasión, paroxismo. Al día siguiente intenta lo imposible, corona Monte Grappa con dos minutos, parece que puede lograrlo. «Me han perdido, me han metido por alguna carretera secundaria y he hecho más distancia que estos, porque si no... es imposible que me hayan quitado ese tiempo». Llora amargamente en meta, clama por injusticias, por conspiraciones. La etapa es para Merckx. El Giro, hace quinto, también.

Unos cineastas alemanes estrenaron una película sobre esa carrera. Se titulaba *The greatest show on earth...*

## Un loco tan odiado

Lo llamaba «el loco». Eh, loco, ven aquí, *ho*. Que Tarangu te diga «loco» tiene que significar algo, supongo. Un reconocimiento. No me jodas, otro igual. Somos dos para que el belga nos parta la cara, dos para ciscarnos entre pares. Lo odiaba de esa forma que solo se puede odiar a quien, en el fondo, admiras. O amas, qué más da.

Luis Ocaña nació el mismo año que José Manuel Fuente, pero llegó un poco antes a todo. Odisea de campos amarillos a campos verdes, montañas, luego la tibieza del sol en Aquitania. Estrella casi desde niño, el ojito derecho de Pierre Cescutti, aquel descubridor de talentos a pedales que antes fue soldado y, cuentan, se bebió una botella de champán de la bodega que Adolf Hitler tenía en su bunker. Él vio algo en Luis. La mirada triste, el gesto decidido, ese pelo negro que le ensortijaba sienes. Sí, será un campeón, un nuevo Anquetil. Confió en él, lo guió hasta victorias entre los aficionados. El joven Ocaña, ese español que hablaba transformando «erres» en «ges», era una estrella desde siempre.

Tan distintos.

Y, sin embargo, iguales. La misma determinación, la misma fiereza para no claudicar. El otro es el enemigo, el otro. Aquel belga que sonríe torcido y gana (casi) siempre. Qué más da. Donde ambos corren terminan chocando. Es «el loco», que no me quita ojo encima, parece que los otros no importan, decía Tarangu. Con Fuente nunca sabes, contestaba Ocaña.

Dos episodios culmen. Uno en Francia, otro en la Vuelta.

Les Orres, julio de 1973, entre las etapas más duras de siempre. Madeleine, Telegraphe, Galibier, Izoard y final en la estación de esquí. Todos por sus vertientes más duras. Casi 260 kilómetros. Y un Tour decidido a favor de Ocaña, que ha ido golpeando cada jornada a un pelotón que asiste, humillado, a meneos «tipo Merckx» incluso cuando Merckx no está. Ya ven, es jodido ser ciclista a principios de los setenta, amigos. En una de esas caza a Fuente. Las primeras etapas, llanuras, subidas en frío, adoquines. Pierde Tarangu diez minutos. Y se empieza a fraguar la leyenda. Bic, el equipo de Ocaña, acude a hablar con los ciclistas del Kas. Ayudadnos a mantener el amarillo en los Elíseos y todos saldremos contentos. Tarangu será segundo, os lo garantizo, y además va a ganar la montaña. Sumad libertad en etapas, y la mitad de los premios en metálico. Componenda, trato inmejorable. Ocaña es el mejor, tiene la carrera hecha y los del Kas ya piensan en qué coche comprarse con esos francos tan ricos. Hasta que se entera Tarangu,

Tarangu que dice «no».

Tarangu que dice «cagonmimadre, que no me vendo, hostias, que no me vendo, que le gano al loco el Tour».

Y los del Kas vuelven a posar pies en el suelo, fue bonito mientras duró, quién nos mandaría a nosotros juntarnos con lunáticos.

Camino, decíamos, de Les Orres. Fuente ataca subiendo Telegraphe. Una vez. Plato gordo, latigazo, las piernas de todos gimen, incapaces. Salvo Ocaña, que se encorva sobre su bici, saca la chepa que tanto admiraba Cescutti, llega a rueda de Fuente. Dónde vas, Tarangu, colaboramos y haces segundo en el Tour, dónde coño vas. Silencio. Otro arreón. Y otro. Hasta veintiuno cuenta Jacques Goddet, patrón del Tour. A mitad de Galibier Ocaña se cansa, enseña su rueda delantera a Fuente, empieza a tirar sin volver la mirada donde esos ojos que tanto se parecen a los suyos. Quedan casi 140 kilómetros a la meta. Cinco horas en solitario. Dos sombras. Al final Tarangu pincha poco antes de la última subida y Ocaña consigue su más hermosa victoria. Jamás había llegado tan lejos en mi sufrimiento, dice. Luego se quedará dormido (la ropa de ciclista aún puesta, regueros de sudor sobre maillot dorado) en la cama de su hotel. No ha podido ni cambiarse. El tercero entra a siete minutos. El sexto, Joop Zoetemelk, a veinte. Dicen que si Ocaña y Fuente se han dado la mano al cruzar la meta el segundo. En silencio, reconocimiento mutuo.

(Fuente será tercero en el Tour, adelantado por Thevenet tras la última crono. No logrará ninguna victoria de etapa, tampoco será el mejor escalador. Qué importa. No se había vendido).

Lo otro pasa meses después. En la Vuelta, territorio familiar para ambos. El gran duelo, los mejores ciclistas del momento (ausente Merckx) que se citan para dirimir aprecios y fobias. Fuente quiere repetir laurel de dos años antes, Ocaña prepara el primer escalón hacia el gran reto: correr (y ganar, claro, porque correr para no ganar es inconcebible) las tres Grandes Vueltas en cinco meses de calendario. Una locura, un intento de hacer lo que el belga jamás haya hecho. «Eddy dijo que alguna vez intentaría ganar Vuelta, Giro y Tour seguidos, pero siempre se raja... es un cobarde», dice Ocaña, porque los setenta eran así, desprovistos de corrección política.

Luego la cosa se puso *lóquer.* Fuente vuela cada vez que la carretera mira al cielo, y le va goteando hostias a Ocaña aquí y allá. Tantas que, al final, sus dos máximos rivales resultan inesperados. Lasa, no-compañero en Kas. Y Agostinho, un veterano de Mozambique con espaldas de leñador y manos como paelleras que corría junto a Ocaña en Bic. Pasan cosas, muchas. Que Luis tose. Que se enreda en piques con Tarangu, que incluso tienen una caída por engancharse el manillar del uno en el manillar del otro. Fuente sentencia la carrera (eso parece) en El Naranco, ante su público, después de haberse *jugao* el pellejo bajando Pajares. Arranca a la altura de San Miguel de Lillo (herradura a la derecha, cambio de pendiente) y llega solo. Entra con una pierna en alto, cuenta él que para agradecer al doctor Capdevila que le haya operado con éxito de unas varices meses antes. «Mira mi *venona* hoy», gritaba el joven Tarangu cuando la tenía hinchada, «o reviento o les hago reventar a todos».

(Da igual. Todos piensan que Tarangu ha dado a entender que gana solo con una pierna).

Al final Tarangu cae en la penúltima etapa y las pasa canutas para mantener amarillo frente al luso. La crono final, exhibición del portugués. De hecho la megafonía anuncia que ha sido suficiente, que Tarangu pierde la Vuelta... pero luego revisan, se llevan una, suman y restan y ven que no, que saca once segunditos después de casi tres mil kilómetros montando en bici. Agostinho, que vio morir y matar, que nunca desfallece, que, dicen, jamás lloró, solloza por lo que considera un robo...

### Como un cerilla que se consume

Es una estrella fugaz, brillo extremo... Apenas tres temporadas en la élite. Para 1975 Tarangu no es el mismo. Lo contará años más tarde en su autobiografía, *Ciclo de dolor*. Que empezó la temporada corriendo carreras en Francia. Que allí tomaban estimulantes. Muchos. Que él también hubo de hacerlo para ponerse a su altura. No era la primera vez, claro. En una ocasión se tiró al suelo desde la bici para ser evacuado a un hospital y no pasar el antidopaje. «Anfetaminas y esas cosas usábamos todos, vaya, pero yo nunca pasé la hepatitis por pincharme con las agujas de mis compañeros, como les ocurrió a otros», dijo ya retirado.

Algo no va bien en su organismo. Abandona la Vuelta. Primera etapa del Tour, la del ataque suicida de Merckx en Kapelmuur, fuera de control. Fuente habla de sus riñones, otros cuentan cosas más turbias. La Federación Española le somete a unos análisis. Prohibición. «No queremos un muerto sobre nuestra conciencia». Tarangu dice que es víctima de complots. «Yo contra Franco nunca tuve nada, pero los políticos y la burocracia siempre me perjudicaron». Tan solo correrá un puñado de carreras al año siguiente, vistiendo la preciosa *maglia bianco-celeste* de Bianchi. Nada más. Quiso seguir con Teka en 1977, pero no consiguió los permisos correspondientes. Y estaba cansado. Tan cansado. Aquel ya no era su ciclismo, con Merckx arrastrándose y Ocaña estirando su carrera más allá de lo que la dignidad aconsejaba.

Se fue Tarangu, se fue. Y a su espalda dejó una historia. Una sola, quizá. Pero verídica. La del escalador que atacaba con el plato grande. La del hombre que jamás se rinde.

# UNA VIDA EN EL STELVIO.
# EL GIRO QUE CASI GANA PACO GALDÓS

20/05/2021, *El Confidencial*

«Es de esas carreras en las que todo te sale bien. Dormía sin problemas, descansaba mucho, comía con apetito... ningún traspiés. Solo que... faltaron unos segundos». Unos segundos. Cuarenta y uno, concretamente. Delante, un casi desconocido. Casi. Lo justín. Qué más da. Delante, el primero, y primero solo puede ser uno. Hace casi medo siglo (joder, cómo pasa el tiempo, oigan) un alavés estuvo a punto de ganar el Giro. Vistió de rosa durante un montón de etapas. Mantuvo opciones hasta el último día. El último, sí, porque de aquellas la carrera acabó... en el Stelvio. Nada de paseos para el vencedor, copitas de champán, chinchines y una volata de prestigio. No. Vamos a montar *tinglao* en el puerto más alto de Italia. Pero no adelantemos... A ver.

Francisco Galdós (Lasarte, 1947) tiene una memoria extraordinaria. Francisco (mejor si le dicen Paco, entonces seguro que vuelve la cabeza) recuerda hasta el último detalle de aquel Giro. El que podía haber sido suyo. Antes de Induráin, de Contador. Casi nada. Pero... no pudo ser. Se le cruzó el destino. Y un italiano, que de aquellas te salían hasta debajo de las piedras en la primavera ciclista.

«Es que el Giro era mi carrera», me cuenta Galdós. El segundo de 1975, otro tercero, un cuarto, también noveno. Historial con pedigrí. Destacó en las otras grandes, ¿eh? Cuatro veces entre los diez mejores en Francia. Tres en la Vuelta, un segundo en 1979. Aquel año solo Zoetemelk fue mejor que él. «Pero aquella vez no tuve opciones de victoria, él fue muy superior. En el Giro, en cambio...». El neerlandés se puso líder en Peña Cabarga. Paco recuerda. «Sí, a mí aquel puerto me gustaba, de la Vuelta a Cantabria». Y apostilla, orgulloso. «Yo gané tres veces allí, en tu tierra». Nadie supera esa marca, respondo. «Nadie», concluye él.

Pero hablábamos del Giro. Año 1975. Sin Merckx, que para la época era una noticia buenísima, por más que Merckx fuese menos Merckx en las grandes aquel año (para clásicas aún tiraba, el buen hombre, que enganchó San Remo, Lieja, Amstel y Flandes... en Roubaix solo pudo ser segundo porque pinchó mil veces... ya ven, fruslerías). Buena oportunidad. «Me gustaba el Giro a mí», recuerda Paco, «porque era una carrera bastante cómoda. Había lucha solo en las montañas, y allí nosotros, los del KAS, nos defendíamos. En el Giro mandaban los italianos, y tenías que correr al ritmo que ellos mandaban. A veces te ponían encerronas, te engañaban con el recorrido. También los capos. Sí, sí, hoy nada, tranquilos. Y resultaba que había emboscadas gordas. Recuerdo un puerto que subimos nada más salir en una etapa, creo que fue el año 1976. Ascenso durillo, bajada de tierra. Ninguno de nosotros lo sabíamos, y Moser la lió muy gorda allí».

Así que... conocimiento de la prueba (había corrido ya cuatro veces), ambición (KAS rondó la victoria con Fuente), buen estado de forma. Todo parecía mirarle con cariño a Galdós. «Yo venía de ganar en Romandía. Allí estaba Merckx, creo que es la mejor victoria de todo mi palmarés. Eso, venía de ganar, fuerte, en forma, y me puse pronto arriba». Y tan arriba. Cuarta etapa, llegada a Campobasso. Battaglin, líder (ganó un día antes en Prati di Tivo), pincha. La *maglia* rosa cae sobre los hombros del segundo, que es Paco Galdós. De forma inesperada. También curiosa. Algo impensable hoy en día. «Sí, es que no estaba en mis planes coger el líder tan pronto, pero con el pinchazo de

Battaglin... Tuve fortuna. Pero no estuvo del todo claro, los jueces tardaron mucho en tomar la decisión, la Jollj Cerámica reclamó, dijo que Giovanni estaba dentro del último kilómetro cuando pasó lo que pasó. Así que la *maglia* me la dieron en el hotel. Sí, sí, en el hotel. La foto oficial, para periódicos y eso, me la hicieron en el balcón del cuarto...».

Once días retuvo la prenda Galdós. Etapas suaves, media montaña como mucho. Victorias para de Vlaeminck, Perurena, van Linden... ese perfil. Jornadas inolvidables, la sensación de sentirse el centro de todo, el tipo más fuerte. Aunque... miedos. Algo que no funciona como lo hizo antes. El equipo KAS (maillot amarillo, mangas azules, estampa reconocible para cualquiera) no es tan fuerte. Tiene nombres, pero... igual no todos reman en la misma dirección con todas sus fuerzas. Habla Galdós. «No tuve equipo, no. Carril andaba enfermo, y él era un ciclista fortísimo. Txomin Perurena y González Linares no estaban por la labor, no tenían muchas ganas de trabajar, así de claro. Lasa... bueno, Lasa siempre corría un poco para él, guardándose algo». No es extraño que se buscasen componendas. Dos son más fuertes que uno. Casi siempre, al menos. Continúa Paco. «Nosotros teníamos un acuerdo con la SCIC, el equipo de Baronchelli. Es que ellos montaban bicicletas de la marca Colnago, y el Kas también. Un acuerdo de fábricas, ya ves. Así que hablamos, y se decidió que o ganaba Gianbattista o ganaba yo, pero ninguna escuadra iba a tirar a por el corredor de la otra. De hecho eso casi me cuesta la general, porque en una etapa él se filtró en una escapada, una escapada de muchos hombres, y a mí me pillaron atrás. Recuerdo que Gimondi me decía de tirar, que se te va la carrera, Paco, se te va, pero yo no podía hacer nada, no podíamos arrastrar a todo el pelotón por culpa del dichoso pacto. Así que solo ponía ritmo la Jollj, el equipo de Battaglin y de Bertoglio. Los teníamos allí, a lo lejos, los veíamos, pero cada vez se iban un poco más. Entonces recuerdo que había un repecho larguísimo, una recta que no se acababa nunca, y Lasa me dijo que atacábamos y enlazábamos con los de delante. Lo conseguimos casi arriba, jadeando que casi no podíamos con nuestro alma. Allí sí me ayudó, mira...».

La memoria de Galdós es prodigiosa. Apunta curvas, baches, cuestas. «Es que volví por aquellas zonas años después, una vez retirado. Para recordar todo, que en carrera no te puedes andar fijando». La contrarreloj, por ejemplo, cuando perdió su *maglia*. Forte dei Marmi, estampa habitual en aquellos tiempos, con Torriani dictando desde su coche. «Aún lo recuerdo. Eran cuarenta kilómetros y solo había cuatro curvas, porque el recorrido consistía en subir hasta un cierto punto y volver. Cuarenta kilómetros y solo cuatro curvas. Pues bien, me caí en la primera, qué te parece. Es que salí muy nervioso, y además vi algo que me crispó aun más. Como la carrera tenía esa forma que te digo los ciclistas nos veíamos en el ir y venir. Pues bien, me cruzo con Battaglin, y veo que va a rueda de una moto del organizador. Eso ya me terminó de romper la concentración y... caída. Por aquel entonces en las cronos se hacían bastantes trampas, sí. Ah, Battaglin cogió el líder y yo quedé tercero. Segundo iba un compañero suyo. Fausto Bertoglio».

Bertoglio... ay, Bertoglio. Al fin aparece, el nombrecito. Un tipo de segunda, un jornalero del pedal. Veintiséis añitos, tres como pro. Cero victorias. Auténtico desconocido... pero no para Galdós, ojo. «No era un cualquiera, Bertoglio. No era un favorito, pero no era un cualquiera. Yo le tenía echado el ojo desde Romandía. Allí la última etapa fue una contrarreloj de veinte kilómetros. En Lancy. Ganó Merckx y él hizo segundo, ojo. Veinticinco kilómetros fueron, nada de una crono tipo prólogo. Yo logré mantener el liderato frente a Josef Fuchs, por veinte segundos. Fuchs llegó a ganar una Lieja años más tarde».

Pero... Bertoglio, decíamos. Que se saca de la manga un rendimiento epatante camino de Il Ciocco. Crono mixta. Veinticuatro kilómetros llanos, los cuatro últimos que miran inmisericordes hasta el cielo. Rampas del dieciocho, ciclistas clavados con esos desarrollos que se llevaban antes y ahora no te permitirían subir ni la cuesta de tu urbanización. Perfecto para la Jollj. Primero y segundo, un suspiro entre ambos. Galdós a dos minutines. Queda una semana. Tocan ataques. Tarea complicadilla. «Ya me lo dijo Gimondi en una etapa que se escapó Bertoglio y nos pilló un tiempo. Que me la iba a liar...».

Precisamente Felice, tercero definitivo, tuvo un papel *crucialérrimo* en aquel final de carrera. Fue camino de Alleghe, penúltima etapa. A subir: Forcella Staulanza, Santa Lucia, Fedaia, Pordoi. Allí se la jugó Galdós, escapando con Roger de Vlaeminck y Conti. Por detrás, el juego. Sigue Galdós. «Ese día estaba hundido Bertoglio, pero Gimondi lo mantuvo en carrera, tirando de él. Hasta apareció en la prensa. Todos lo apoyaban, los italianos eran muy de ayudarse entre ellos si llegaba la situación». En Alleghe se impone de Vlaeminck. El *recordman* de la Roubaix, un tipo que tiene los cinco Monumentos, gana cuando suben hasta el lago de la Marmolada. «Pero es que el belga era fortísimo, fortísimo. Si estaba en forma subía una barbaridad. Aquel año se llevó siete etapas en el Giro». También hizo cuarto final. Buen botín.

Y llega la jornada decisiva. La más extraña de todas. La Vuelta acaba en Madrid, el Giro en Milán, en París el Tour. Solo que a veces no, a veces los organizadores se ponen creativos (bueno, los de la Grande Boucle no, porque allí son muy de tradiciones[2]). Verona, Roma, Santiago de Compostela, Bilbao o Donostia en aquellas Vueltas iniciales. Pero esto... esto es algo sin precedentes. Vamos a hacer algo que jamás pueda repetirse. Terminemos todo en un puertazo. En montaña, sí. Pero no en cualquiera, porque eso es para vulgares. Nosotros... innovamos. Cima del Stelvio, el gran passo italiano, el más alto de todos, el de Carlo Donegani, el que se hicieron los austríacos porque estaban acojonados con Bonaparte. Allí arriba, a 2757 metros de altitud sobre la playa de Ajaccio. Solo Iseran, de entre collados auténticos, llega más cerquita del cielo. Una locura, sin duda, cómo vamos a montar aquí el pódium, qué sandez es esta.

Pasó.

Pasó, y fue hermoso.

Bueno, para Galdós igual no tanto. «Iba tranquilo, confiado. Eso sí, pensaba que era muy difícil ganar. Yo creo que todos los demás, mis compañeros y mis rivales, lo veían más sencillo. Es que... mira,

---

[2] Hasta Niza, oigan.

yo no tenía la moral de Fuente. El Tarangu se hundía y seguía creyendo en sí mismo, seguía creyendo que iba a voltearlo todo el día después. Y yo no era así». Únicamente 41 segundos entre Bertoglio y Galdós. A priori el bresciano tiene todas las de perder. Mostró carencias el día anterior, es joven, no tiene experiencia, su equipo resulta más flojo. Y luego estaba el Stelvio, ese cíclope. Veinticinco kilómetros al ocho por ciento, por redondear. Una de las dificultades más enormes que existen en el ciclismo. Terreno perfecto para el escalador. Solo que...

Solo que salió mal. Culpa propia y ajena. «Falló todo aquel día. Subíamos San Pellegrino y Costalunga y los hicimos de paseo. Hacía muchísimo calor, además. No tenía equipo, nadie me ayuda, no pudimos endurecer. Tampoco ayudaba mi falta de confianza, ¿eh? Y el estar tan cerca en la general... paradójicamente pudo perjudicarme. Porque tenía varias opciones... atacar de lejos, esperar al final...Cuando andas a la desesperada todo es más sencillo». Aun así Galdós lo intenta, claro, porque esas oportunidades solo llegan una vez en la vida. «Empecé con las arrancadas a veinte kilómetros de la cima, pero haciendo acelerones tímidos. Los italianos me secaban, preferían que ganase Bertoglio. No hablábamos, claro, en esas situaciones no hablas, qué vas a hablar. Yo, además, era un escalador de ritmo, nada de hachazos fuertes como Tarangu. Igual... igual si hubiese tenido esa ambición de hundirme o matar podría haber arriesgado algo más. Pero... Y luego, allá arriba, empezó esa escalera, esa que sale siempre en la tele, las curvas de herraduras encadenadas. Allí ya nos fuimos solos Bertoglio y yo, pero era imposible. En aquel tiempo las curvas tenían unas grietas enormes por el hielo... vi el puerto hace un año, cuando lo subió el Giro, y casi ni se reconocía de lo bien que estaba la carretera. Entonces no. A las horquillas entrabas casi parado, por lo de las grietas, también había agua, algunas partes estaban congeladas y podía patinarte la rueda. Así que aquello era puro sufrir. Tomabas las curvas lentísimo, luego arrancabas, en unos metros a frenar otra vez... imposible atacar».

Más arriba, cuando no queda casi nada, cuando la cima se ve allá, sobre tu cabeza. Final. Galdós recula. Y, aun así, está a punto de arrepentirse. Me sigue contando. «Como a kilómetro y medio de la meta hablo con Bertoglio. Oye, no te ataco, pero gano yo, ¿eh? El otro encantado, me dice que sí. Trato. Este cabrón me va a ganar la etapa, pensé en aquel momento, porque había descubierto mis cartas. Pero nada, iba muerto. Yo subía a mi ritmo y desde atrás me llegaba su voz. *Piano, piano*. El último kilómetro lo hice muy fuerte, porque no acababa de fiarme, y el tipo me seguía gritando lo de *piano, piano*». Línea definitiva. Paco Galdós gana la etapa final más bizarra que jamás haya existido en una Gran Vuelta. Bertoglio, mismo tiempo. *Maglia* rosa para el jovencillo. Será tercero un año más tarde. Sumen la Volta a Catalunya de ese 1975. Y ya. Palmarés magro. Uno de esos transalpinos que aparecen casi de la nada para llevarse su carrera grande. A costa de Galdós, esta vez. ¿Te arrepientes de algo, Paco? «No, fue imposible. De otra forma hubiese podido ser, pero es que hicimos la etapa de paseo. Si le apretamos desde el principio... yo creo que podríamos haberle hundido».

No me resisto. Sé que es una falta de respeto, pero no me resisto. Oye, Paco... siempre se ha dicho que aquel Giro lo vendiste. Que te dejaste ganar, que la Jollj os pagó un montón de dinero para que no derrocaseis a Bertoglio. ¿Y eso...? Él ríe, travieso. «Sí, a mí también me lo han dicho muchas veces, pero imagino que irá de broma. Al menos yo lo tomo a broma. Siempre se dijo que si me había abierto la pizzería con eso». Galdós tiene una pizzería en Vitoria, muy señera ella. *Dolomiti*, se llama, porque al final los recuerdos son buenos. Continúa. «Pero eso, a broma. Con lo que cuesta estar en condiciones para ganar todo un Giro... No, no hubo ningún pacto. Bueno, lo del último kilómetro con Bertoglio. Ah, y lo de Colnago que te comenté antes», dice.

Terminamos. Pregunto a Paco si sigue el ciclismo actual, si está viendo el Giro de Italia. Él se ríe. «Sí, sí, me gusta mucho. ¿Sabes lo que hago? Tengo una bici estática delante de la tele, y hago los últimos veinte kilómetros con el pelotón, jeje». Y ¿quién gana?, jugueteo. Él vuelve a reír.

«Pues a veces ellos y a veces yo, depende del día», concluye.

# DE CUANDO MARINO LEJARRETA CORRÍA GIROS SIN MONTAÑAS

03/05/2021, *El Confidencial*

Ustedes piensan en el Giro y rápidamente se me vienen arriba. Que si Mortirolo, que si Marmolada. Mira el Stelvio, qué majestuoso. Mira el Gavia, qué acojone. Esas cosas. Italia como sinónimo de dificultades llevadas al extremo. Las etapas más duras del año, las subidas más complicadas, esos días que todos tenemos marcados en rojo para pegarnos a la tele. Esos en los que usted, querido lector, desarrolla un pequeño dolor de origen desconocido que le impide acudir, no veas lo que me fastidia, también es mala suerte, a la programada comida familiar. Seguro que entienden.

Solo que no siempre fue así. Aunque les cueste creerlo, aunque desmonte verdades bien fijadas en su mente. Jornadas y jornadas sin una mísera cuestecilla que echarse a la boca. Un esprint. Otro. Otro más. Ahora la crono. Ya van tres. Etapa con llegada en cuesta. Mira, un final en alto. Vaya, no jodas, que acaban a mitad de puerto. Así tres semanucas. Y al año siguiente igual.

Digamos que la justificación era clara. Que ganen Moser o Saronni. Lo mismo me da quién de ellos, pero ellos. Demos al público italiano un poco de sana rivalidad en vena. Patrioterismo de fanfarria, en suma. ¿El espectáculo? Bueno, queda para los circos, anacolutos. Qué se han pensado ustedes. Aquí somos gente seria. Incluso esos escaladores que penan por la Bota buscando alguna pendiente digna de tal nombre. Derrotados antes de salir. Incapaces para afrontar orografía caprichosamente encajada...

Uno de los que intentaba algo era Marino Lejarreta, que de aquellas corría en Italia para el equipo Alfa-Lum. «Era una cosa que estaba deseando probar», nos cuenta, «piensa que el ciclismo no estaba tan globalizado como ahora, y muchos veíamos Italia como si fuese el paraíso. Allí tenían el mejor material, las mejores marcas... cada vez que competías en ese país te enganchabas un poco más». Marino tenía claro su futuro, e hizo todo lo posible para materializarlo. «Yo puse mucho empeño en ir, sí. Digamos que los acercamientos empiezan un año que se corren los Mundiales en Praga[3] y para prepararlo corremos unas pruebas en Italia. No como equipo... el seleccionador español, Ramón Mendiburu, tenía cierta amistad con Davide Boifava, así que Lasa, Juan Fernández y yo mismo hicimos algunas carreras como *cedidos* en su equipo, el Inoxpram». Otros tiempos, sin duda, porque hoy una componenda así sería impensable. Pero era un ciclismo distinto. «Aquello me encantó, y ya la temporada siguiente hablé directamente con Boifava para ver si habría posibilidades de fichar con ellos. Nada, estaba completo. Yo seguía con la idea, insistí, y el llamó a Primo Franchini». Franchini había sido un profesional oscuro a finales de los sesenta, defendiendo los colores del Germanvox-Wega. Después se recicló como director. En Alfa Lum. Curiosamente Marino Lejarreta nunca firmaría con un equipo italiano, porque ese conjunto tenía domicilio en San Marino. No importaba, claro. «Tiramos para adelante, porque yo tenía muchas ganas. Era un enamorado de aquel ciclismo».

Allí, el cambio. Todo diferente. Ya ni siquiera era la *Corsa Rosa*, sino el resto del año ciclista. «Yo lo hacía casi entero», nos cuenta Marino. «Y además algunas cosas por España. Fundamentalmente País Vasco y la Vuelta. Me adapté a ellos, claro, pero básicamente eran clásicas, rondas por etapas había muy pocas. Recuerdo muchos trípticos, eso sí». Preparación para el plato fuerte. Ese que detiene a todo un país, que pinta con colores pálidos y pasión cada pueblo.

---

[3] Fue en 1981, ganó Maertens, con Saronni segundo e Hinault tercero.

El Giro. «Yo al Giro llegué un poco tarde», sigue Lejarreta. «Pero conocía las historias, lo que contaban. Hazañas de Fuente, las Tres Cimas de Lavaredo... esas cosas. Y me enganchaba a ellas. También los Dolomitas, claro. Era parte del ciclismo que quería probar».

Solo que... solo que aquello formaba parte del pasado. Los grandes puertos, las cabalgadas épicas. A principios de los ochenta ser escalador en Italia era pasarte días y días esperando un momento que jamás llega. Un año. Y otro. Frustración. Dónde puedo atacarles, dónde sacar algunos segundillos. Nada. Agarró Lejarreta las ediciones más flojas del Giro desde, al menos, medio siglo atrás. Y, aun así, menudos puestos. Sexto, cuarto, quinto, cuarto. Fue su prueba, sin duda. Siete participaciones entre 1983 y 1991. Un décimo final como clasificación más baja. Modélico. Pero pudo haber sido mejor. Debió haber sido mejor...

«Los referentes mandan, y allí los referentes eran Moser y Saronni. En Francia, por ejemplo, estaba Hinault». Dice Marino mucho con esa frase. Moser y Saronni, Saronni y Moser. Que dominan la prueba, hasta extremos inconcebibles. Torriani, asustado ante lo que considera puede ser descenso de popularidad para el Giro, decide explotar el maniqueísmo que todos llevamos dentro. Ese que, en Italia, fabrica guerras irreconciliables. El problema es que Coppi y Bartali son una cosa, pero Moser y Saronni representan... meh. Mucho peor. Ni eran tan buenos ni ganaron tanto fuera de la Bota. Así que, para calentar rescoldos de un palmarés ficticio, Torriani decide facilitar un poco el asunto. Un poco.

Ellos ayudaban, no crean. Historias de ciclistas que sufren amenazas. Hoy tranquilos, y si quieres alborotar el gallinero... en fin, tú verás. Los colombianos tenían que escaparse por la cuneta en aquellos primeros Giros. No os conviene llevaros mal con quienes mandan. No os conviene. Lejarreta es diplomático. «Es que el poderoso siempre ha utilizado su poder. Yo malas artes no recuerdo, pero sí es verdad que cuando te levantan la voz los más pequeños acaban pensándoselo mucho. Pero Moser y Saronni no mandaban más que Hinault en Francia», recalca. Bernard, figura omnipresente, inolvidable. Marcó a todos los que coincidieron con él. Eso sí, concede Lejarreta que el ambiente italiano era distinto. «En Italia se habla mucho en el pelotón. Más que en ningún otro sitio. Así que todas esas cosas se comentan. Lo que dices del control y las amenazas. Se comentan y, claro, acaban teniendo su importancia».

Eso en carrera. Pero luego estaban los recorridos. Lo que comentamos más arriba sobre Torriani. ¿No quieren ustedes emoción y que gane uno de los nuestros? Pues les regalaré una victoria de los nuestros, y la emoción ya que llegue en los debates de la RAI. Sinvergüenzas, que me piden ustedes todo. Así que... *traguardos* llanitos, llanitos. Mucha crono, mucho final en cuesta, que somos especialistas. Y, si con todo eso no nos da... bueno, en fin. Ya saben. Guiño, guiño, codazo, codazo. «Sobre todo el de 1984 era un Giro hecho para Moser», dice Marino. Él acabó cuarto, toda una proeza viendo el asunto. Siete segunditos lo separaron de Argentin, pódium. Por delante Laurent Fignon y, sí, Francesco Moser. «Aquel año es que no había montaña. Ponían llegadas en alto y luego la etapa no llegaba hasta la cima de los puertos. Media subida, como mucho. Y luego estaba lo otro. Corríamos en la época que corríamos, y algunos pasos eran complicados por su altitud y la meteorología, pero... Dependiendo de cómo fuera la carrera los italianos hacían más por limpiar la senda o no». Habla del Stelvio, claro. Que está alto, a más de 2700 metros, y allí nieva un montón. Solo que aquel día, cuentan, lucía un sol precioso, y la carretera despertó limpita como bici recién estrenada. No hubo manera, Torriani suspende ese ascenso (de largo el más duro de todo el Giro) y lo sustituye por Tonale y Palade. Etapa 18, tan cerca del final. Al día siguiente Marino vence en Selva di Val Gardena (otro puerto que se acaba a mitad de ascenso), y más tarde, en Arabba, Laurent Fignon arrebata el liderato a Moser. Mira, al final no le va a salir bien el asunto a Torriani, dicen algunos. Inocentes. Quedaba la crono. Por lo civil o por lo criminal. Ahí es nada.

«Yo no pude seguir al cien por cien esa situación», recuerda Marino, «pero seguramente parte de razón habrá tenido Fignon al quejarse. Los organizadores, el público... todos querían lo que querían...», sigue. Habla de la última etapa. Cuarenta kilómetros entre Soave y Verona, esfuerzo individual. ¿Individual? Bueno, no era lo que contaban Laurent Fignon o Cyrille Guimard. Ambos protestaron en su momento, lo escribieron más tarde en sendos libros. El helicóptero, fue el helicóptero. Que se ponía justo en medio de uno y otro. Empujando con sus aspas a Moser, dificultando el avance para aquel parisino de gafitas. Un par de veces se acerca tanto a Fignon que hasta le bandea su bici. Gritos, puño en alto, insultos. En francés, que suena más fino. Esas cosas. Tenía que ganar Moser.

Ganó Moser.

«Yo estuve dos veces muy cerca del pódium, pero nunca logré alcanzarlo. Tampoco me he planteado qué año habría sido el más propicio en caso de haber encontrado montañas de verdad. Sí que te diré que cuando mejor estuve fue en 1983, pero llegaba algo tocado de la Vuelta», me cuenta Marino. Algo tocado. Una Vuelta durísima, corrida a ritmo de locos, con Lejarreta poniendo en apuros al mismísimo Hinault. Ganó en los Lagos (pionero), perdió la carrera por unos abanicos camino de Soria. Dos minutos y cuarenta segundos, en Madrid poco más de sesenta segundos más lento que Le Blaireau. Esa prueba acabó un ocho de mayo. El doce se iniciaba la *Corsa Rosa*. Brescia. Setenta kilómetros de contrarreloj por equipos. Ya ven, relajadete. Algo tocado de la Vuelta, dice Lejarreta. Qué cachondo. Qué tiempos tan distintos...

A Moser y Saronni aún les quedó cuerda después de ese 1984. Giuseppe quedó a apenas el minuto de Visentini allá por 1986. Tan cerquita, el tercer Giro. Lo de Francesco impresiona aún más, de hecho, porque engancha tres pódiums seguidos, el último dos semanas antes de cumplir los treinta y cinco años. Entre medias, récord de la hora. Autotransfusiones, también, que no eran *doping-doping* porque no estaban reconocidas como tal, pero, en fin... un poco de *doping*, una miajina... pues igual sí, ¿no? Esas cosas. Esos recuerdos.

Cada vez que el próximo Giro afronte un gran puerto, un monstruo con pendientes sostenidas por encima del diez y cumbre cerquita de los 2000 metros... entonces usted, honesto aficionado al ciclismo, debe dar gracias. Hubo un tiempo en que aquello era imposible. El Giro de las llanuras. El de los rodadores. El que amó Lejarreta, aunque fuesen tan distintos. Qué jodido, el amor, que no te deja escoger...

# AQUEL MORTIROLO DE PANTANI E INDURÁIN

11/01/2023, *Jot Down*

Está *ganao*.

Tú esto, a mediados de los noventa, no podías decirlo casi nunca. No, al menos, aquí.

Que está *ganao*, macho. Y luego la bajona. A ver, ¿el Mundial de Estados Unidos, con Javi Clemente como cabeza visible (bajito, relación regular con los periodistas, cara de vinagre a mala fermentación)? Está *ganao*. ¿Elecciones de 1993 para el PP, con José María Aznar como cabeza visible (bajito, relación regular con los periodistas, cara de etcétera)? Está *ganao*. ¿Cuatro chupitos de tequila en palanca y sin tumbar? Está *ganao*. Y, tras eso, a leer poemas de Bukowski, que somos adolescentes estúpidos y leemos poemas de Bukowski.

Ay.

Pero, oigan... con Induráin, seguridad absoluta. Con Induráin no apuestas, recaudas. Induráin es Mario Conde sin golfedad, es Seve todos los días, es Julio Iglesias sin mudarse a Miami. Induráin es Dios, amigos, que para eso nacimos en 1981, y necesitamos un Dios.

Induráin es Dios.

Y el Giro 94 está *ganao*...

**Los nombres importan**

Dejémonos de gaitas... ustedes saben bien cómo fue el rollo ese de 1994. Lo saben perfectamente. Lo saben desde sus recuerdos y desde todo lo que se escribió a partir de entonces. Así que si vienen buscando números, análisis etapa tras etapa y otras mierdas de las que se hacen para rellenar frases sin ideas propias... meh. Decepción. Buuuh, arrogante, iconoclasta... ¿pero cómo no vas a comentar la trascendental victoria de Ferrigato en Kranj, Marcos Pereda? Pues miren, no, aquí se viene con los deberes hechos y dispuestos a sufrir.

Porque vamos a hacerlo. Sufrir, digo.

En el Mortirolo, nada menos.

Joder, el Mortirolo... Repitan conmigo... Mor-ti-ro-lo. Esas erres, la sobreabundancia de oes, el regustillo familiar a sitio donde morir. Los nombres importan, amigos, los nombres siempre importan. Por eso la batalla más molona de Alejandro fue en el Gránico. O Austerlitz. O los Cuernos de Hattin. Si yo dirigiese la Vuelta a España todos los años habría final en los Montes Universales, sí. Porque la cadencia importa. Tourmalet, Galibier, Pordoi, Lavaredo. Ahora todo son estaciones modernas, que cualquier día terminamos etapa en «Supercantajuegos de Patricio Estrella de Mar». Y no es, no es.

Por eso el Mortirolo...

Porque, además, esto del Mortirolo era último desafío. Los italianos, que cada año se lo ponen más difícil a Miguel, pero Miguel puede con ellos, porque Induráin, Induráin, Induráin, lololo. Primero el Alpe Segletta ese desconocido, hace doce meses la Marmolada, que ni Marmolada, que si Fedaia, que si tal, aquí decimos Marmolada, que somos muy machos, Mar-mo-la-da. Marmolada también es un nombre que lo mola todo, y aquello lo subió Induráin como si no costase, y allí se murió Gianni Bugno, y Ganni Bugno subía, muerto, más elegante que tú estrenando maillot, pero esa es otra historia. Vamos, que en el más difícil todavía tocaba Mortirolo. Pindio, pero pindio de narices. Lo contaba Marino, lo contaba Chozas, lo decían quienes estuvieron en aquel 1991 que vio por primera vez la cara dura, en aquel 1991 de Chioccioli disfrazado de Coppi, Steve Rogers y Bruce Banner. Pero, en fin... es Induráin, nos follamos al Mortirolo, luego otro doblete en julio y a mirar lo del récord de la hora, que también es algo muy *cool* (hasta 1994 del récord de la hora aquí habían oído hablar solo Echavarri y Federico Martín Bahamontes, que lo batió en un velódromo de Toledo, pero nunca dieron validez a la marca porque la UCI le tiene manía, según declaraciones propias).

En realidad todo esto era para poner emoción al asunto. A ver... quién iba meter mano a Miguel allá por Italia. ¿Gianni, Claudio? Nah, Gianni y Claudio ya no daban miedo, a esas alturas eran como los cuñados algo crapulillas que aparecen cada nochebuena *achispaos* y con historias totalmente inverosímiles sobre conquistas, inversiones bursátiles y aguante dipsómano. Ugrumov podía preocuparte más, por si las Oropas, pero es que Ugrumov era Ugrumov, y no parecía justo que derrotase a Induráin un rebotado del Seur con más años que Moser y calva tipo «lateral derecho-Bulgaria-Mundial de Estados Unidos». Nah, esto es cuestión de estética, y por ahí no nos meten mano...

Así que, salvo sorpresa, todo *amarrao*.

## Ferraris y seiscientos

La sorpresa se podía llamar Eugeni Berzin. Porque era joven, porque era desconocido, porque tenía un cierto componente exótico, porque corría en la Gewiss. Por aquel entonces a su equipo lo preparaba un tipo con bigote *rigolettesco* y cierta pinta de secundario en una de Jaimito (o Alvaro Vitali, si van de esnobs), alguien que decía palabras larguísimas para desgranar teorías súper científicas sobre consumos energéticos y entrenamientos draconianos. Igual no era ni doctor, tú, igual era un secundario de *Al salir de clase* que se llevaron para que no diese la cara el perpetrador supremo. Y es que Berzin iba en Ferrari, y, ya entonces, Ferrari tenía ese aire de quien circula siempre nueve kilómetros por encima del límite, porque el radar salta a los diez. «La EPO es tan peligrosa como el zumo de naranja», dijo, «si te bebes doce litros de zumo de naranja enfermas. Pues con la EPO igual». Ya ven, como para andar con sonrisitas en medios.

Pero bueno, que Berzin arrasó aquella primavera, y la Gewiss arrasó aquella temporada farmacéutica, y parecían invencibles, y se marcaron lo de la Flecha Valona, que da hasta pudor verlo hoy, lo de la Flecha Valona. Y eso, devastación al principio del Giro. No tiene mayor importancia, porque Induráin va a ganar el Giro cuando quiera, pero devastación. Primero Argentin, luego el ruso este, el muchachuelo. Devastación.

Digamos que la cosa se pone fea en la crono. Senigallia, frente al Adriático. Pero los de mi quinta hay sitios que no existen, que no se visitan, que jamás llegarán a ser. Senigallia. Les Arcs. A Oropa subes, sí, pero con miedo. En Senigallia... mal. La estética, especialmente. Mira que era Miguel sobrio, mira que tú te lo imaginas tan feliz con sus vaqueros y su *camisacuadros*, mira que no te haces idea de Induráin con esas cosas horribles que se nos ponen los futbolistas para las ruedas de prensa, ehhh, sí, partido difícil, tres puntos importantes... Pues va su equipo y jode toda una vida de elegancia con aquel trajecito que te lo firma el Doctor Frank-N-Furter un viernes por la noche. La caperucita roja, macho, la caperucita roja. Que perdiese tres minutos era, después de tamaña afrenta, mal menor.

Porque iba a remontar cuando quisiera, que para eso era Miguel. Mira, en la etapa del Mortirolo, por ejemplo. Alfa y Omega para quienes estuvieron allí (es decir, aquí, es decir, a este lado de la tele). El día de todos los días. Cuando se subió el Stelvio a ritmo de burra y desde Telecinco nos quisieron vender que la jornada iba amañada, que era una vergüenza, que los putos italianos esto y lo otro, que a las armas, que Pavía, que el Milanesado español, que viva Induráin, Induráin, Induráin...

Locos... faltaba tanto. Faltaba él.

Me da miedo hasta escribirlo.

(Lo dice en voz baja).

Mortirolo.

### Calvos y chuparruedas

Así que... empieza el Mortirolo. Y aquello se convierte en una fiesta para calvos.

Entiéndanme, en aquellos tiempos yo tenía catorce añucos y aún no albergaba obsesión alguna por la alopecia masculina, dado que mis colegas gastaban cronología del estilo y todos se peinaban al día. No, no, lo mío vino después...

Pero... joder, es que llama la atención, tú. Los ciclistas comienzan a subir el Mortirolo, y aquello es estrechísimo, y hay prados en las cunetas, y herraduras, y luego un bosque, y vaya puerto más feo, pero feo-feo, porque, en fin, venimos del Stelvio, vale, pero es que el Mortirolo luce menos que Yola Berrocal en *Pasapalabra*, y un rampón, y otro rampón, y, oye, igual es que no son rampones, igual es que esto sube así, de manera loquísima, y todo lo que escuchamos es cierto, y el apocalipsis. Aproximadamente. Y, entonces, apoteosis de la testa raleante.

Ataca Marco Pantani. Marco Pantani ganó la etapa el día anterior, pero ganó la etapa el día anterior, sobre todo, por bajar bien. Era joven, pero parecía viejo, y tenía el aspecto con menos *flow* que usted pensar pudiera (si exceptuamos a cualquier central del Atlético de Madrid). Claro que en esto de las bicis importa el aspecto, sí (que le pregunten a Di Basco), pero mola más lo de ir rapidísimo. Y, colega, aquel pequeño demonio (oscilando, como si se desarmase, aéreo, saltarín) iba rápido de narices. Y cuesta arriba. Y en el puerto más duro del mundo.

Con él... nadie. Bueno, el principio dos personas. Berzin, que tiene pelazo rubio y no nos sirve en este capítulo de la historia. Y Armand de las Cuevas. Armand de las Cuevas calzaba un *hair style* parecido al de Marco, y completaba el asunto con esa mirada a medio camino entre «estoy resolviendo la conjetura de Poincaré» y «me preguntó cómo será un gato por dentro», seguro que me entienden. Bueno, pues este calvo (el segundo calvo) aguanta a Pantani (el primer calvo). A ver, aguanta a Pantani de forma llamativa, aguanta a Pantani pedaleando con las orejas, aguanta a Pantani con los ojos abiertos como en una clase de spinning y chepazos que te podría firmar la locomotora de vapor *Isabel II* (primera que vimos por Cantabria). Vamos, que aguanta solo por el gusto de aguantar, porque es algo perdido, porque resulta imposible que mantenga tal nivel de riñones durante, no sé, diecisiete segundines adicionales.

Y, pum, peta bien rápido. A partir de ahí desaparece Armand de las Cuevas, como si lo hubiese abducido un agujero del espacio-tiempo, como si hubiese entrado en un círculo de esos que hace el Doctor Strange, como si hubiese pillado la baja médica en Narnia. Peta tan gordísimamente que ni petar le vimos.

A Berzin sí, porque Berzin quiso ser Induráin, y por detrás Induráin estaba siendo Induráin, y Berzin no pudo ser Induráin, y Berzin se quedó clavado, porque Pantani sí que era Fuente, sí que era Gino, y Berzín apenas puede mover las bielas, con aquellos desarrollos que se gastaban entonces, y lleva el maillot muy abierto, que siempre es mala señal (salvo si eres Iban Mayo), y se pone en pie, se derrumba, vuelve a ponerse en pie, parece estar hasta gordo, que debería haber adelgazado, con todo lo que se suda, y no, engordó. Va muerto, Eugeni, y su cetro imperial está (puede, a lo mejor, quién sabe) en juego.

Sobre todo con él.

Aclaremos algo... tú con Induráin te flipabas fuertemente por dos razones. Una, porque eras un crío, y de crío te flipa todo mogollón (yo pensaba que Litmanen era el mejor jugador de Europa, y que Herminio Díaz Zabala podía ser líder pero prefiere la humildad). Y, dos, porque aún no habíamos visto los años que siguieron a Induráin, porque los años que siguieron a Induráin hicieron que Induráin pareciera agresivo cual *Blaireau* (Val Louron, Sestriere, Serre-Chevalier, Hautacam, La Plagne, para los desconfiados). Pero, visto con objetividad, Induráin tenía un rollo *cro(o)ner*... grandioso ejecutor, escasa emotividad. Viniendo del mamarrachismo ochentero pues...

Y, oigan, que aquel día Induráin se vistió de *hair metal*, se puso una pulsera de pinchos, cantó el último de Barricada. Vamos, que *desmelenao*. Dicen que sube más fácil los puertos tendidos, y es verdad... pero si tú eres el mejor ciclista del mundo te impones (casi) donde quieres. Y quiso que fuera en el Mortirolo.

Así que... el Induráin de los mejores días firmando su mejor día. La gorra calada, el rostro brillante, esa mueca que parecía sonrisita (que era, en realidad, gesto de un depredador), las manos en la cruz del manillar, piernas que se mueven a ochenta y cinco revoluciones, que arrastran veinticinco dientes, que se crispan en cada horquilla, que se van quedando solas, que van allí, a lo lejos, una bola rosácea que apenas avanza, que apenas logra mordisquearle metros al asfalto. Los minutos de Berzin era, para entonces, brumas entre pinos.

Y, pum... Miguel lo adelantó. En Telecinco todos se encienden un puro y se ponen tres patxaranes, en el bar de mi barrio pegan hostias contra la mesa y zapatean el serrín del suelo, los italianos se estremecen, porque los italianos aprecian lo bueno como si fuera propio, ya saben, y para entonces eran más de Miguel que Miguel mismo. Miguel lo adelantó, y lo deja, y pronto se le echa encima una sombra pequeñaja, un ciclista que se llamaba Nelson Rodríguez y respondía al improbable mote de «Cacaíto», alguien que no daba relevos, claro, pero que tampoco molestaba, porque el reino de Miguel no es de este mundo, y Eugeni estaba cada vez más lejos, y mira todo lo que queda, y puede ser, sí, claro que puede ser. Coronan, se unen a Pantani en la bajada, ligera colaboración de Marco, todo está *ganao*.

Fue bello, sí.

¿Qué hacías tú, dónde estabas, cuando el Mortirolo?

### Frenesí, emoción y las Cacao Maravillao

A estas alturas en Telecinco andaban entre vender compresores, meterse en preferentes o llamar a las Mamachicho, tú. Porque menudo jolgorio. J. J. Santos preguntando que cuántas ruedas tiene una bici, Ángel Arroyo diciendo que el ruso bueno es el ruso muerto, Oswaldo Menéndez declamando *La Iliada* en cada curva y Julio Jiménez mosqueadísimo con la similitud física del tal Pantani, echa que te echa cuentas. Sonaban de fondo botellas descorchándose, el chuletón poco hecho, copa y puro *porfavor*. Ni un alma se veía por las calles, de tan interesante que estaba el asunto (a ver, ni un alma se veía por la calle donde vivía yo, que era una plaza muy ciclista, y además aún aguantaban dos o tres yonquis muy chungos, pero se entiende el oxímoron).

La locura, ejem.

Pasa que nada termina hasta que termina del todo (esto mismo te lo dice Oswaldo en siete esdrújulas). Y que queda un puerto. Uno chicuco, un segunda. ¿Qué es un segunda, dices mientras clavas en mi pupila tu pupila azul? Pues mira, una segunda en España es la Collada de Carmona, escenario de grandes gestas, con sus cinco al siete. Un segunda en Italia puede ser perfectamente esto... el Valico de Santa Cristina de los cojones (ningún adolescente noventero dice «Valico de Santa Cristina» a secas, siempre añade desprecio), con sus siete al diez. Más que Urkiola, más que El Escudo. Tócate los huevos, Mariloli, un segunda.

Pero, claro, entonces no había internet, y no sabíamos tanto de recorridos, y el que distinguía entre «desniveles» y «pendientes» pues ya era doctor, y un segunda es un segunda, y J. J. Santos pregunta cómo va el Madrid, y esto está ganado, llegan los tres juntos, Induráin se impone al esprint, tercer Giro a la buchaca, Merckx, ¿quién es Merckx? ¿Dónde queda Merckx?

Y pasa lo que pasa en el Passo. Que, a lo mejor, el muchacho este de la alopecia camina una barbaridad. Que, mira tú, es finolis, el tío. Que cimbrea la bici cual junco con nordeste. Y que Induráin, ay, mi Miguel, ay, no puede. Empiezan a subir Santa Cristina y Pantani se marcha. Vale, no importa, nos dicen en Telecinco, repetimos el Mortirolo, luego se caza bajando y ya. Tú veías la tele y andaba Induráin subiendo a duras penas, le había crecido el culo siete kilos a Induráin desde el Mortirolo, parecía Olano en vez de Induráin, solo que entonces nadie conocía a Olano (salvo Olano) y no éramos conscientes de las similitudes, pero es que parecía Olano. Qué más da. Muy astuto, Miguel, jugando perfectamente sus bazas. A esas alturas en Telecinco aplaudían a Induráin hiciera lo que hiciese. Oye, mira, que lleva una caraja del copón. Bravo, Miguel. ¿Invertir en Terra? Bravo, Miguel. Estoy pensando comprar un *fiatmultiplá*. Perfecto, Miguel, hostias, es un coche muy bonito. Y así.

A Induráin en Santa Cristina lo adelanta Chiapucci (tú te imaginas a Chiapucci, el pobre, y se te cae el alma al suelo... trinca a Induráin en una pájara gordísima y quien se aprovecha de ello es su compañero) y Wladimir Belli (que no le ofrece rueda, porque

Wladimir Belli moriría antes de ofrecer rueda a alguien que no fuese Wladimir Belli). Al menos tras él continuaba el Cacaíto, seguramente desconcertado porque... en fin, porque Induráin era muy grandote, y a lo mejor ni vio marcharse a Pantani, todo el rato ahí escondididete.

Aquellos minutos fueron la puñalada original a toda una generación. Los que iban a chuparse setecientas catorce recesiones, los del paro, los de vivir con mami hasta los cuarenta y cinco, los de follar (poco) en bosques oscuros, los de vivir peor que sus padres pero mejor que sus hijos (solo que sin hijos). Sí, la primera bofetada de realidad. Porque hubo un Luxemburgo, y vino saludando Stojkovic, y el CSKA, y el puto triple de Đorđević, y faltaba poco para el Odense, y Salinas corría confiado hacia Pagliuca, y todo eso jode, sí, todo eso jodió, pero es que era lo esperable, porque vivíamos una época de cenizos y cenizas, pero Induráin no, Induráin era infalible, solo que falló, y si nos falla Induráin, tío, si nos falla Induráin... en qué podemos confiar.

Pues eso. En nada.

(Bueno, salvo en Induráin allá por julio. Y en Induráin una tarde colombiana cuando fue más Induráin que nunca, cuando debió ser menos Induráin que siempre).

Final. Pantani *vince*, y hace seis horas y cincuenta y cinco minutos (antes había etapas de siete horas, y de seis horas... todo eso se perdió como lágrimas en la lluvia), a una media de veintisiete (antes se sacaban medias por debajo de treinta y aquello divertía mucho, lo que demuestra que «velocidad no es igual a placer», como sabe cualquier adolescente y debería saber cualquier organizador de carreras ciclistas), y alzaba los brazos, y estaba feliz pero parecía triste, porque Pantani, lo empezamos a ver entonces, siempre parecía triste, incluso cuando estaba feliz. Sobre todo, quizá, cuando estaba feliz. A Miguel le caían tres minutos y medio (ya ven, tres minutos y medio) y éste sacaba treinta segundines a Eugeni (ya ven, treinta segundines). El octavo entró a cinco cincuenta, el duodécimo a siete minutazos. Hoy para ver esas diferencias tienes que juntar todo el Giro, todo el Tour y las cuatro marchas cicloturistas que me hago cada año. Ay, otra vez.

Ay.

A efectos prácticos... pues miren, a efectos prácticos tanto mito lleves como paz dejas. Porque vuelcos, lo que se dice vuelcos... A ver, Pantani se ponía segundo (acabaría segundo), y había remontado setecientas catorce horas en tres días (en Lienz, en Merano, en Aprica), Induráin pasaba a ser tercero (acabaría tercero), De las Cuevas daba chepazos hasta hundirse, Bugno se deprimía un poco menos y tenía mucho más estilo, el resto son personajes que nos interesan bien poco. Bueno, sí, Berzin, que sigue líder, que gana la prueba, que es el futuro en esto de las bicis, que parece centrado (ja), que afinará un poquito su peso (ja), que tiene una mezcla de talento bruto y disciplina soviética como nunca antes se vio (ja), que todos lo odiamos, sí, todos lo odiamos, con ese pelo rubio, con esa forma de vencer a Induráin, que no me cruce yo a Eugeni, ¿eh?, que no me cruce yo a Eugeni...

Qué bonito fue, amigos. Y qué suerte haberlo visto con aquella inocencia...

## UN CICLISTA BUSCA A JACQ´S MONTADO EN COMPRESOR: LOS GIROS DE TELECINCO

03/10/2020, *El Confidencial*

El compresor.

Si usted, amado lector, tiene entre 35 y 45 años sabrá exactamente a lo que me refiero. El compresor. «¿Te gusta el compresor?». Ese, ese precisamente. El compresor. Qué coño es un compresor. En fin, yo no lo tengo muy claro, porque para los de mi época (ay) aquello significaba otra cosa. Italia. El Giro. Miguel Induráin. Y, claro, Telecinco.

Primavera de 1993. Un chico grandote que prefería los gestos a las palabras es el mejor ciclista del mundo. Indiscutible. Dos Tours, el último Giro, doblete mágico que solo un puñado de tipos tienen a lo largo de la historia. Coppi, Anquetil, Merckx, Hinault. También Roche, que ganó Giro, Tour, Campeonato del Mundo y el concurso de Miss Simpatía en Sappada. En fin, historias. Pero volvamos. Induráin es la estrella indiscutible del deporte español, figura que mueve masas, garantiza audiencias. Quizá por eso una cadena privada se decide a retransmitir el Giro de Italia. Nada menos. Lo que salió de ahí es ya icono generacional.

«Lo de Induráin pesó mucho, claro», nos dice Jaime Ugarte, «pero también estaba lo otro. Telecinco tenía mucha relación con el país transalpino, tampoco vamos a extendernos aquí. Así que la cosa parecía hasta lógica, la clásica relación comercial en la que todos salen ganando». Jaime Ugarte es periodista, de Sestao. Su voz acompañará a millones de españoles durante un bienio mágico que pareció durar tres siglos, tantos recuerdos lleva encima. Aun hoy, por teléfono, el tono, el ritmo, es inconfundible. Quién mejor que él para contarnos cosas y casos de aquel período.

No era nuevo. Lo del ciclismo en la tele, vaya. No. En España la Vuelta venía emitiéndose desde, al menos, el año 1983. En directo, digo, los resúmenes y pinchazos ocasionales eran cosa más antigua. Ese mismo julio empezaron a verse las etapas del Tour, Arroyo y Perico mediantes. El Giro tardaría más, porque el Giro, aquí, era poco menos que desconocido, una carrerucha de italianos que nos quiere arrebatar el puesto de «segunda grande». *Vaffanculo*, que dirían ellos. Lo que pasa es que esas retransmisiones las hacía Televisión Española. Y entre que los ochenta eran como fueron (esos trajes espantosos, ese aire a lo «Carta de Ajuste») y que el ente público es de arriesgar poco... pues eso, que la cosa era muy llana. Informativa, por así decir. Espectacular cuando la carrera era espectacular, ramplona cuando el pelotón se ponía en plan remoloneo. No era poco, no me entiendan mal, hoy en día se ve aquello con cariño. Pero como producto audiovisual queda, digamos, desfasado. Excesivamente sobrio.

A estas alturas de la peli ustedes saben que las palabras «Telecinco» y «sobriedad» son un oxímoron. Algo así como «nieve negra» o «Borges pop». Me entienden. Lo que iba a proporcionar la cadena privada era algo totalmente distinto. Tanto como para adueñarse de instantes que no son suyos. Como el primer Giro de Induráin. Ese que todo el mundo (casi todo el mundo, no se me pongan exquisitos) ha visto con la voz de Jaime Ugarte en los oídos... pero que echaron por Televisión Española. Pongamos contexto. En 1992 Miguel Induráin, vigente ganador del Tour de Francia, anuncia calendario novedoso. Nada de Vuelta a España, la carrera que había abierto su año de «grandes» desde 1985. Miren ustedes, es que me viene fatal, con mal tiempo, y alergias, y que a veces como alubias por febrero, y claro... No, yo prefiero ir al Giro, que se corre de una forma mucho más favorable para mis intereses, y además te deja un puntito, que diría el otro, riquísimo para la Grande Boucle. Si es que doblar Giro y Tour es lo mejor, está más que demostrado. Ya ven lo que ha cambiado el cuento, y solo hace... joder, hace ya treinta años. Retiren el «solo». Qué viejos, amigos...

Entonces... al Giro, que lo recibe con los brazos abiertos. Y Miguel corresponde. En rosa desde el tercer día, control sin apenas problema, culminación de epicidad doblando a Chiapucci camino de Milán. Objetivo cumplido, y casi sin torcer el gesto. Induráin es el primer ciclista español que vence en Italia. Meses más tarde será el primero en repetir victoria gala. El más grande. Y todo un fenómeno social.

Por eso Telecinco se lanza a por él...

El Giro de 1993 será primero del trienio que emitió la cadena privada. Despliegue absoluto de medios. José Javier Santos en Madrid, siempre acompañado por uno o dos invitados. Antiguos ciclistas, directores, algunas veces hasta tipos de la farándula (más o menos). Vamos, que por allí solo faltó que pasase Jesús Gil y su jacuzzi, y sus cadenotas de oro, y sus pelos en el pecho, y sus mozucas en bikini, y su vergüenza ajena. Pero no, libramos esa imagen, al menos en horario vespertino.

Este de los invitados era uno de los puntos fuertes. Por nombres y actitud. Van colegas como Ocaña, Bahamontes, José Manuel Fuente, Julio Jiménez o Ángel Arroyo. Y todos, todos, rajando como pocas veces se había visto en la tele. «Para nosotros era un lujo tenerlos allí, imagina... los ídolos de mi infancia», dice Jaime, «y les dábamos libertad absoluta, así que luego decían las cosas que decían. Era un espectáculo». Que uno lleve a Bahamontes y éste ponga a parir a los ciclistas de ahora, a los de los ochenta, al general Espartero y al *sursum corda* es algo que puedes esperarte. Qué coño, es algo que anhelas con ilusión. Pero es que los otros no se quedaban atrás. Ocaña repartía hostias con «erres» trasmutadas en «ges», y Ángel Arroyo llegó a decir durante una etapa que aquello estaba pactado para no ir rápido, que había *biscotto*, que menuda vergüenza, que vaya putos vagos todos. El día del Mortirolo era, nada menos. Ya ven...

J.J. Santos en España, dijimos. Y la otra parte del equipo cubriendo aquello en directo. Desde Italia. Cada tarde una cabina junto a la meta. Primera persona. Para hacer las veces de comentarista principal en Telecinco llamaron a Jaime Ugarte. Hoy, casi tres décadas, aún está agradecido por ello. «Yo soy un seguidor acérrimo de los grandes deportes populares, Del ciclismo, del fútbol, del boxeo. Auténtico fanático. Y además era un narrador, un narrador nato. Y aquello... imagina. Tener cada día cerca a Miguel Induráin, que era un superclase, que era un tipo educadísimo, alguien que desprendía un aura majestuosa, siempre mirando hasta el último detalle. Para que te hagas una idea nosotros hacíamos toda la etapa antes en coche, independientemente del recorrido. Para poder hacer mejor nuestro trabajo, sí, pero también porque nos gustaba». Ese *nosotros* hace referencia a su otro compañero, Osvaldo Menéndez, «Un periodista, sí, pero sobre todo un caballero». Quizá iba más justo de conocimientos sobre esto de las bicis, pero... en fin. Las cosas son como son. El tiempo nos deja regustillos dulces.

Y empezó a funcionar. Tenía estilo fresquete. Más dinámico, más moderno. Con aspectos totalmente novedosos para la época y que ahora se nos aparecen como familiares. «Telecinco no ha cambiado su forma de actuar desde entonces», cuenta Jaime, «tan solo el producto. Con el Giro toda su programación giraba alrededor de las bicis, nosotros entrábamos en los informativos, se daban noticias en otros programas de la cadena, se iba cebando al espectador... era un círculo vicioso. Años después lo hicieron con Gran Hermano, pero la idea era similar». Su estilo tampoco dejaba indiferente a nadie. Naturalidad, excesos en ocasiones, un puntito «pop». Tan llamativos que, a veces, la organización del Giro ponía en los altavoces de meta sus retransmisiones. No Rai, sino Telecinco. Voz en español para un público italiano disfrutando de ocurrencias y chascarrillos. Que salían de forma natural. «Lo importante es dejarse llevar, no tener *morcillas* pensadas para incrustar a cada momento, porque entonces el espectador se da cuenta y desconecta».

Y otras cosas. La publicidad, por ejemplo. Imposible olvidarla. Primero por lo «erótico-festivo» del asunto, que aquel fue otro tiempo, y se nos colaban señoritas en motos con estética «Cincuenta sombras de Grey» a la mínima. Y luego por la mala hostia. Las ganas de matar. La ira irrefrenable. Esos anuncios en el último kilómetro. Jaime se ríe, y apunta un dato que luego compruebo como fidedigno. «No eran tan largas, apenas diez segundos, lo que pasa es que magnificamos todo en la memoria». Y luego añade. «Nosotros éramos una cadena privada, vivíamos de eso. Intentaba dar paso a *publi* de forma natural, sin hacer dramas ni despreciar los comerciales como hacen algunos compañeros». No importa, olvidaré sus palabras en unos meses y aquello del compresor me parecerá más largo que una crono del Chava. Lo sé.

E Induráin, claro. Sobre todo Induráin. Todo giraba alrededor de él. En eso también fueron pioneros los de Telecinco. Le ponían un pequeño camerino en su estudio móvil. Para asearse, tomar aire, cambiar ese maillot sudado por otro seco que evite dolencias y fríos. Luego grababa una cuña diaria, pero con lo otro te asegurabas sacarle algo. Algo. Unas palabras, un gesto, una mirada. Centrarlo todo alrededor de la gran figura. ¿Entienden ahora que lo de la Fórmula 1 y Fernando Alonso no fue sino remedo de esto? Y luego que Miguel ganaba. Ganaba mucho. Ganaba siempre.

Casi.

Audiencias por las nubes. Líderes indiscutibles en su franja horaria un día tras otro, ocasionalmente vanguardia, o muy cerquita, de los datos totales. Con picos que hoy nos parecen algo irreal, absolutamente imposible. En la Merano-Aprica se llegaron a superar los siete millones de espectadores por momentos. Cifras de fútbol o realitys gordos o la boda de Lolita. Ese plan.

El espectáculo, digo, acompañaba. El Giro de 1993, Induráin contra la legión italiana. Chiapucci que da sus últimos coletazos, aunque él no lo sepa. Bugno que sube la Marmolada muerto, cadáver. Porque aquel tío había fallecido, a mí que no me engañen, solo tenías que ver su rostro, sus ojos de hielo convertidos en ojos de mar. Un difunto. Sucede que Gianni Bugno difunto era más elegante que todos nosotros vivos, recién salidos de casa y estrenando maillot. Cosas de la clase, que se tiene o no se tiene. Y él tenía. Yo no, por eso escribo. Gianni pilota aviones, protagoniza libros y ganó un par de cosas en este bendito deporte.

Pero eso, que victoria. Sufrimiento al final con Ugrumov, que tenía motor Ferrari bajo una de esas calvas tan Europa del Este. Vamos, que corría en la Mecair-Ballan pero hubiese podido jugar de extremo en la Bulgaria de EEUU´94, ustedes me entienden. Apuros no tan grandes por Oropa, aunque en aquel momento (la retransmisión ayudaba, ya les dije que tendía a la exageración) se provocasen paros cardiacos...

Y al año siguiente... apoteosis. La carrera que no ganó Induráin, por cierto, y la más recordada por muchos, porque ganar es cosa muy apreciable, pero perder bonito tiene más mérito. Aquella etapa inolvidable, la Merano-Aprica. Un *biscotto*, que decía Arroyo, y J.J. Santos asentía, poco menos que indignado ante aquella vergüenza. Pero luego se animó. Un poquito nada más, vaya. Récord de audiencia, ya dijimos. Y el Mortirolo. «El puerto más duro, más impactante, que yo jamás haya visto. Por sus rampas, sí, pero también por su soledad. Todo igual, entre árboles, curva y contracurva, perdiendo rápidamente la referencia de los de delante. Tú vas solo, y vas jodido, porque es imposible subir aquella pared de otra forma. Y, encima, no ves que los demás van igual o peor...», recuerda Jaime. Ciclismo sin pinganillos, recuerden. Remontada de Induráin, nacimiento del mito Pantani (los calvos estaban muy de moda en la época), hundimiento del navarro, Berzin que recupera. Al final el Giro lo gana aquel ruso rubio que parecía invencible. Poco más sumó a su palmarés, y años más tarde se retiró para abrir un concesionario de coches, convirtiéndose en uno de ellos. Ah, también llevaba motor Ferrari.

Y después... nada. Giro de 1995, el último que va a emitir Telecinco. Ausencia de Induráin, que ya es un golpe fuerte. Victoria de Rominger (mismo proveedor de mecánica que los dos anteriores), quien, encima, era visto poco menos que como archirrival de Miguel. Y un equipo que se desbarata. Allí ya no estaba Jaime Ugarte, sino que la retransmisión la llevaba el pipiolo Antonio Lobato (en contra de la tónica general del artículo, Antonio Lobato aún no estaba alopécico). Demasiado joven, quizá. Pero es que en la cadena también habían cambiado un par de cosas. La dirección, por ejemplo. Difícil venderle a los nuevos ese producto que parecía caer en picado. Sin Induráin nada, ¿usted ha visto la diferencia de datos? Imposible, esto cuesta mucho dinero, demasiado. Nada, recojan sus cosas y a casita. A ver, aquel del fondo, meta el compresor en la cajuca, ande, que ya está haciendo el ridículo. Y la jovenzuela de Jacq´s... última vez que entra aquí en moto, que lo pone todo perdido de humo. Venga, venga, hay que dejar esto limpio que mañana empezamos a grabar *Compact DYC* (lo juro).

Terminamos con la pregunta obligada a Jaime Ugarte. ¿Crees que se podría intentar algo parecido hoy en día? Es decir, una cadena privada poniendo toda la carne en el asador por un producto como el ciclismo. Él no duda. «Yo pienso que sí, la bicicleta tiene un público muy fiel. Quizá habría que reinventarse un poco... pero reinventarse para volver al pasado. Acudir de nuevo a las carreras, cuando se pueda, por ejemplo. Y actualizar el formato, mimarlo, tratarlo como se merece. Pero yo creo que funcionaría».

Qué tiempos aquellos, amigos.

Pd: el autor de este artículo confiesa que aún no sabe qué es un compresor...

## UN ROSA RUBICUNDO: SOBRE EL GIRO DE ITALIA 2020

26/10/2020, *Jot Down*

Hasta el año 2012 ningún ciclista inglés había entrado entre los tres primeros de una Gran Vuelta. País anónimo, cierta tradición pero nada más. Desde entonces suman seis Tours de Francia, tres Vueltas a España (una ganada en diferido, como los contratos) y dos Giros de Italia. Con cinco ciclistas distintos, además, que tiene más mérito. Es su edad de oro (el color de las medallas buenas en los Juegos Olímpicos de Londres 2012, precisamente). Ahora Tao Geoghegan Hart viene a sumarse a ese club con victoria inesperada en Milán. Esta es su historia.

**Una tarde en el volcán y muchos para casa**

El de 1946 fue un año jodido en Italia. Guerra. Posguerra, más bien. Heridas, conflicto planetario pueblo a pueblo, casa por casa. República recién parida. Y su carrera. El *Giro del Rinascimento* lo llamaron, y no es necesario extenderse más. Postal de ventanas sin cristales ni muros, carrera de viudas en cunetas, tipos vestidos de negro, niños comidos por piojos y miseria. Pero hubo Giro. Y fue, como es siempre, oasis rosa, sonrisas y despreocupación.

El país que logró organizar una vuelta menos de un año más tarde de concluida la Segunda Guerra Mundial ha estado a punto de ver como uno de sus símbolos más conocidos (junto con la

Olivetti, el café en taza pequeña y las gafas de sol aunque caigan chuzos de punta) debía suspenderse a causa del coronavirus. Al final, solución in extremis, movimiento de calendario y el Giro que se va para octubre. Fechas más de Amstel. De Amstel Curaçao Race, oigan. Sensaciones raras.

No ayuda la participación. Si ya en ocasiones el Giro parece negocio entre italianos (y naturalizados como Tonkov) esta anómala temporada trae concurrencia especialmente magra. Del Tour solo repetían Bilbao y Miguel Ángel López, pues doblar era casi imposible. El cafetero, además, duró un suspiro, porque en mitad de una recta perdió el control de la bici y se estampó contra las vallas. Cosa rarísima para un tipo que suele hacer cosas rarísimas (en el anterior Giro, sin ir más lejos, se lio a hostias con un espectador).

Era la primera crono (ganó Filippo Ganna, pero de él vamos a hablar más adelante) y su ausencia supuso duro golpe para Astana, en principio equipo más potente de la prueba. Buenos peones y dos tipos de nivel como López y Vlásov para proteger a su gran líder, Jakob Fuglsang. Al final el colombiano se escoña, el ruso tiene que abandonar al dar positivo por covid (también volveremos a esto) y Jakob... pues oigan, meh. Demasiado tarde para dar el gran salto, quizá deba quedarse como (gran) corredor de clásicas y vueltas pequeñas. No es poco, los hay que se dedican a juntar letras.

El segundo (o primer) gran favorito era Geraint Thomas, por aquello de que a todo ganador del Tour se le entiende *calité*, ¿no?. Llegaba *descansao*, además, después de negarse a pasar por Francia, que lo de quitar el aire a Egan me cae pesado. Al final agua en la Grande Boucle y agua en el Giro. Thomas sufre una caída en la tercera etapa. A casa. Solo setenta y dos horas y la carrera se quedaba sin tres de sus grandes nombres. Desde mi adolescencia no veía un fin de semana tan destructivo...

Esa tarde se llegaba al Etna, que es montaña muy bonita y muy estética y muy icónica, pero que para esto del ciclismo había funcionado regular en el pasado (con excepciones). A ver, lo de los tipos en bici y las fumarolas al fondo tiene su punto, pero es más pasto de fotos...

Solo que en 2020... selección. Vincenzo Nibali pone a tirar a su equipo (tampoco una locura, solo ritmo alto) y todo salta por los aires. Ha sido una constante en la carrera... pocos ataques tipo *gif* pero mucho desgastar que notas con el paso de los días. Así que damnificados. Adam Yates, ejemplo perfecto de tipo Guadiana. Bueno, aquí tiene excusa, porque días más tarde... positivo. Por covid, ojo, que somos modernos. La burbuja del Giro, cuentan, tenía más poros que un cutis adolescente, y por ahí que se metió el bicho, que es ladino, malvado y no conoce compasión.

Víctima del covid será, también, Steven Kruijswijk, cuyo equipo (como el de Yates) se marchó de Italia por unos cuantos casos. Kruijswijk parecía en disposición de recuperar lo que perdió en 2016, cuando embistió una montaña de 2700 metros. Al final no pudo ser, y tiene toda la pinta de que no será nunca...

Ah, otras dos menciones. La primera para Jonathan Caicedo, que ganó en el volcán y se quedó a unas centésimas de vestir la *maglia* rosa (liderato para João Almeida), ampliando el idilio de Ecuador con esta prueba (Narváez lo aprovechó días más tarde) y haciendo salir a Education First en los papeles por algo que no fuese llevar el maillot más feo de la historia y un casco aerodinámico que, desde atrás, parecía el Pato Donald. Lo juro. En fin. La segunda es para Sunweb. Acudían a Italia con la idea de rascar algo gracias a Michael Matthews, quizá un puesto en el *top ten* con Wilco Kelderman. Solo que el asunto se les jodió bastante cuando el australiano pilló covid (días más tarde el segundo test salió negativo, porque estas cosas son así). Un par de mecánicos también infectados. El equipo, a diferencia de lo que hicieron Jumbo-Visma y Mitchelton, no se marchó a casa. Quizá había ahí una enseñanza que muchos no vimos a tiempo...

### En Italia no hay *saudade*

Si te llamas João Pedro Gonçalves Almeida no necesitas enseñar tu pasaporte. Portugués, claro que sí. El ciclismo luso ha tenido pocos campeones, pero muy peculiares. Estaba Joaquim Agostinho, por ejemplo, un tipo con espaldas de albañil y manos hechas para desenterrar patatas que, según los estándares actuales, andaba unos doce o quince kilos encima de su peso. Lo mandaron a la Guerra de Mozambique y allí llevó mensajes de base a base en bici, porque tardaba menos que los coches. Luego pasa a pros con Jean de Gribaldy, sube al pódium del Tour, gana en Alpe d´Huez, está a punto de llevarse una Vuelta a España. Con 41 años un perro se le cruza durante una Volta ao Algarve. Acaba la etapa, porque era así, pero muere diez días después pese a los esfuerzos del cirujano que lo atiende, João Lobo Antunes (igual les suena el hermano, estuvo en Angola y escribe novelas raras y desasosegantes). También es luso Rui Costa. Ganó un Mundial en Florencia, cuando Joaquim Rodríguez se disfrazó de Olano y Valverde se disfrazó de cualquier otro menos Induráin. Y Acacio da Silva, mocetón grandote, moreno, sonrisa fácil y gesto pícaro de «ya sabes lo que estoy pensando». El único portugués que había vestido la *maglia* rosa.

Hasta este año.

João Almeida parecía líder de transición. Igual hasta el ecuatoriano le quita esa prenda subiendo el Valico de Montescuro (Gösta Petterson y Eddy Merckx noqueando a *Tarangu*). Pero no, aguante. Otro día. Y otro. Acaba la primera semana primero. Acaba la segunda semana primero. Ojo, igual es algo más que atractivo exótico meridional (si no les suena el concepto pueden verse telefilmes alemanes de sobremesa).

El día de Montescuro se impuso Filippo Ganna, casi dos metros de jovencito rodador que también sube. Entre niebla, frío, lluvia... la estampa de este Giro ha sido muy distinta del desenfado primaveral que suele acompañar la prueba. Casi todos los días el cielo estaba enfurruñado, y cuando asomaba sol los ciclistas iban dejando sombras larguísimas sobre asfaltos. Pero hablábamos de Ganna. Hasta este Giro un gran contrarrelojista con ciertos destellos en montaña (siempre carreras menores). A partir de ahora... Sea como sea verlo rodar representa un placer estético y a veces con eso basta (sobre todo si juntas planta con victorias).

Otras no. Otras se sufre. Ciclista y espectadores. Como cuando contemplas a Domenico Pozzovivo, que pedalea como si llevase un cesto con huevos entre las piernas, una rodilla mirando a Islandia, la otra apuntando a Vladivostok. El sillín un poco bajo, además. Sé que es imposible, porque hablamos de ciclismo profesional, pero... joder, es que lo parece. Pero, en fin, él camina. Durante la segunda semana hasta hizo que su equipo tirase un par de ratucos. Por si caía algo. Terminó desinflándose (le suele pasar) pero de aquellas parecía alternativa buena.

Los otros dos grandes protagonistas del *intermezzo* son Arnaud Démare y Peter Sagan. El primero incontestable al esprint, cosechando victorias cada vez que había una volata. El segundo reconvertido a la búsqueda de algo que echarse a la boca. O no, mejor... recordando sus inicios. Porque Sagan no fue siempre «solo» un esprínter (ya sé que nunca lo ha sido, pero entiendan símil). Si por algo destacaba el jovencillo Peter era por su capacidad para subir cuestas de grandes porcentajes con ese corpachón que arrastra. Fue olvidándose con los años (o dejó de explotarlo), amparado en la velocidad para construir palmarés bien lustroso. Uno que no actualizaba desde hacía más de un año. Así que manos a la obra, escapada que camina, ataque en el último repecho, brazos en alto. Nunca lo dirá, porque entiende la vida de otra forma, pero debió ser un alivio enorme...

Apenas atacaron los favoritos esta segunda semana (apenas atacaron los favoritos este Giro). Tuvieron oportunidades, sí. La llegada a Cesenatico, por ejemplo. Homenaje a Marco Pantani, lo que siempre va a tener dos caras, porque Pantani hizo lo que hizo, sí, pero también *hizo lo que hizo*. La segunda parte del recuerdo llegó con meta en Piancavallo. Allí ganó el calvete en 1998, atacando a veinte mundos y entrando con apenas segunditos sobre Zulle, porque el suizo parecía un T-800 en la primera parte de aquel Giro (terminó con más pinta de Wall-E). Quizá haya simbolismo en ello...

Así que llegó un fin de semana grande. Crono (relativamente) larga y etapa con final en alto. Acumulación de esfuerzos consecutivos, a sumar sobre aquellos que se llevan en piernas. Ese combo muestra, entre otras cosas, que Nibali no iba a ser el ganador de este Giro de Italia. Que, quizá, no vuelva a contar nunca entre los primeros en una vuelta de tres semanas. Analizado fríamente es normal. El de Mesina suma casi treinta y seis años, y lleva sin ser realmente dominador desde el año 2014. Rendimiento lagunar, grandes días y otros en los que parece solo sombra de lo que fue. Ocurre que con eso le da para grandes cosas, para salirte competitivo, para ir limando defectos aquí y allá hasta que miras la clasificación y, joder, ahí está Vincenzo. Por eso parecía inmortal. Se ha mirado tantas veces en el espejo de Gimondi que todos esperábamos epílogo para el siciliano como el que tuvo Felice por el 76. Ni siquiera descarten que le quede alguna bala en la recámara a Nibali, a modo de canto del cisne.

De Piancavallo salió Almeida vestido de rosa, con Wilco Kelderman a unos segunditos. Y allí empiezan a asomar protagonistas. Victoria para Tao Geoghegan Hart, un británico con nombre a-co-jo-nan-te que parece sacado del molde para hacer ingleses, tan rubito y paliducho, tan camiseta del Tottenham mamándose en Magaluf. Quinta etapa para Ineos-Grenadiers, demostrando que el equipo rinde a las mil maravillas. Posiblemente mejor que ningún otro.

O no, porque Sunweb hizo toda la subida a cuchillo, destacando al final Hindley (el ciclista australiano, no la *serial killer*) quien, por momentos, parecía más fuerte que su líder. Como andaba cerca en la general, y ya tenemos experiencia en el pasado con situaciones parecidas, todos nos frotábamos las manos. En realidad, la cosa estaba entre dos hombres o muy abierta, depende de cómo quieran ustedes mirarlo. La diferencia entre Almeida y Kelderman era lo suficientemente grande como para preocuparse solo el uno del otro, y ambos habían mostrado buenas patas. Pero, a la vez, generaban dudas. El portugués por bisoño, el neerlandés... bueno, porque es de allí, y en ciclismo los neerlandeses siempre encuentran una forma de cagarla, metafóricamente hablando (salvo Dumoulin, que fue literalmente hablando). Se caen. Se empotran contra un muro de nieve. Un director para a mear en el peor momento. Tiritona asesina para alguien que ganó la etapa del Gavia (vamos, que friolero no es). Tres finales perdidas en los Mundiales de Fútbol. Todo ello con cierto aire de fatalidad y cenicismo. Buenos chicos que siempre ven cómo la guapa se va con otro. Más o menos.

Espadas en alto.

**Traca final con postre**

La principal característica de las Grandes Vueltas es que duran tres semanas. Ya ven, hemos venido a hacer afirmaciones con riesgo. Eso significa que tienes una novela muy, muy larga, dividida en veintiún capítulos. Y que cada uno de ellos va preparando, en mayor o menor medida, el desenlace. Algo que se va cocinando poco a poco, donde todo lo anterior (ese día de doscientos kilómetros bajo la lluvia, esa pistola que citamos de pasada dentro de un cajón) tiene incidencia. A veces se nos olvida y somos impacientes, pero es un error. En Italia entienden mejor que nadie esa idea, preparando personajes, abriendo arcos argumentales, presentando *mcguffins* y llaves maestras. Visto en conjunto, una delicia.

Los últimos días del Giro eran, a priori, terroríficos. Media montaña, tres maratones por las cumbres, jornada llana, crono. En línea siempre por encima de los 200 kilómetros (bueno, a Sestriere se llegaba con 198, pero ustedes me entienden). Dos puertos que superan los 2700 metros (no hay muchos más en Europa, oigan), otros dos con más de 2000, uno adicional rozando esa cifra. En octubre. Se pueden imaginar. Desgaste. Parecía, por encima de todo, cuestión de supervivencia.

Solo que...

Ningún otro deporte depende tanto de la imagen como el ciclismo. Les explico... los patrocinadores de equipos (esas marcas que ustedes ven en pechos y caderas) no obtienen rédito alguno más allá de la publicidad. Por lo tanto, y llevando al extremo el tema, todos los sueldos (todos, los de mecánicos, masajistas, médicos, periodistas, directores y, por supuesto, estrellazas) beben de eso. Pues bien, no existe ningún otro deporte que muerda de forma habitual (y bochornosa) la mano que le da de comer. Cosa para reflexionar, oigan[4].

4 «Bochorno en el Giro provocado por ciclistas arrogantes, plenos de ignorancia y con exceso de poder», Parte 2. Esta saga tiene más pelis que Transformers.

Sucedió el último viernes. Etapa entre Morbegno y Asti, 253 kilómetros. Sale una mañana lluviosa y los ciclistas dicen «no». Que a ver qué es lo de cubrir el recorrido presentado hace casi doce meses. Que ayer nos cansamos mucho. Que sí, pero tal. Que sigan ustedes sin nosotros. Que no me digas cómo hacer mi trabajo, si lo sabré yo. Ese tonito. Prietas filas como no estuvieron ante otras imposiciones (seguramente) más graves.

Pongamos antecedentes. Yo entiendo que hacer 250 kilómetros (más o menos) bajo la lluvia es muy ingrato. Aunque no los haya hecho nunca, que parece ser la credencial que piden algunos imbéciles para opinar sobre el asunto, como si la experiencia fuese *conditio sine quae non* (en tal caso sobre la muerte tan solo nos hablarían los muertos, y qué quieren que les diga...), pero oigan, ustedes son profesionales y aceptaron el trayecto presentado en el mismo momento que dan su primera pedalada del Giro. Prueben a plantarse ante su jefe, queridos amigos, cualquier mañana. Que, mire, hoy solo trabajo seis horas en lugar de las ocho, porque hace frío, y viento, y me duele el hueso de la risa. Eso sí, págueme mi jornada habitual. Y no rechiste, cerdo fascista.

Podemos aclarar matices. Los corredores se quejaban porque llovía. Es decir... no había hielo (que puede suponer riesgo físico), no había rachas de viento huracanadas (que pueden suponer riesgo físico), no había una carretera en mal estado llena de avestruces sedientas de sangre (en serio, son bichos muy salvajes... pueden suponer riesgo físico). No hubo desprendimientos, ni aludes, ni siquiera Cthulhu despertó de su sueño en R´lyeh (y, si así hubiese sido, quede aquí expresada la opinión de *Jot Down*: *Cthulhu fhtagn, Cthulhu fhtagn*). No, no... llovía. Llovía en un recorrido no especialmente peligroso, no especialmente duro, a no demasiada altitud. Llovía sobre una línea de mapa que todos (todos) sabían que tocaba pasar ese viernes precisamente. Y entonces... agua. Nunca mejor dicho. Recórtanos la etapa a 150 kilómetros. Y el organizador que se pliega, porque esa fuerza conjunta la tienen muy en cuenta los corredores. Lo otro igual no. Lo otro, lo de respetar la profesión, cumplir lo firmado, cuidar, en suma, la imagen cuando de imagen vives... eso parece que estaba fuera de su radar.

Que algunos ciclistas colgasen videos en sus redes sociales riendo y pulgares arriba, como si acabasen de ganar la París-Roubaix, tampoco ayuda...

La cosa escoció aún más por venir de donde se venía. Etapa para recordar. Estaba languideciendo el Giro en su última semana, entre ritmos al tran tran, competidores de perfil bajo, y muecas de «virgencita, virgencita, que me quede como estoy». Un día tras otro y todo es lo mismo. A esto se suman las noticias. El alcalde de Briançon dice que por su pueblo no pasan los ciclistas, que están jodidos con el covid y la salud es lo primero. Etapa que ha de remozarse y pasa de subir, seguidos, Agnello e Izoard a encadenar tres pasos por el Alisas de Turín. Nada que objetar al hecho , se pueden poner más pegas a su alternativa. Pero, vaya, que por unas cosas u otras el Stelvio queda como momento álgido. Y no defraudó.

Faltan diez kilómetros a cima. Cuentan que aquí se le partió el alma a Hugo Koblet la primera vez que ascendieron este coloso. Coppí parte monte arriba, camino a leyenda y escándalo. Allí, en ese preciso sitio, ocurre el movimiento decisivo. Rohan Dennis, gigantón australiano con fama de raro, empieza a tirar como un energúmeno, y reduce el grupo de cabeza a cuatro hombres: él mismo, su compañero Tao Geoghegan Hart, Hindley y Kelderman, los dos últimos del Sunweb. El líder, Almeida, no puede y empieza a defender la *maglia* con tanta dignidad como poco éxito. Mención especial a su gregario Masnada, que tiene pinta de ser uno de esos que le van diciendo a tu madre que vaya moña te pillaste ayer, que entre dos coches estabas meando, que ya te llegará la multita...

Bien, a esas alturas Wilco Kelderman era Robben con el balón controlado, avanzando, totalmente solo, hacia la portería. Oh, sí, el gran héroe *oranje*. Todo en orden, voy pensando las palabras del discurso, que en estas cosas si improvisas quedas como un idiota. Y el traje, sí, el traje. Llamo luego a casa, que me planchen el traje. Robben que se acerca, Robben de naranja.

Kelderman se queda cuando aún resta un mundo para llegar al cielo. Los otros aprietan. Bueno, su compañero en realidad no, pero me entienden. Al final del día Wilco se disfraza de paradoja: conquista el primer puesto a tres días del final y, sin embargo, parece que lleva maillot prestado.

Robben la tira al muñeco[5].

Por delante... pues eso. Trabajo increíble de Dennis (menudo Giro enorme del Ineos-Grenadiers, vuelvo a decirlo), Tao que va con lo justo, Hindley que parece subir silbando, saludando a sus primos, sacando un papel de su maillot para apuntar «aguacates» en la lista de la compra, que luego me olvido. En el coche del Sunweb tampoco tienen muy claro el asunto. Apostar por uno, por otro, pegarnos la gran hostia, que me señalen por la calle haciendo el sonidito de Nelson, *ha-ha*. Al final quedan entre dos aguas, que es donde los atunes comen bocartes, sin saber muy bien qué especie son. Hindley gana y deja sensación de que podía haber reventado la carrera, Tao queda segundo, a tiro de piedra (o de pifia táctica) de los Sunweb, y Kelderman entra detrás, las tripas sobre los hombros, sudando lágrimas de tensión. Ah, tercero hizo Pello Bilbao, uno que ha sido el octavo mejor en la montaña de este Giro (más o menos), pero que cuando los días acumulaban dureza iba adelantando cadáveres como si fuesen setos.

Todo abierto, pues, para Sestriere.

Y allí vuelve a repetirse el guion, como en esa serie que a usted tanto le gusta pero, reconozcámoslo, tiene menos originalidad que un recopilatorio de Alex Ubago. Rohan Dennis, definitivamente transmutado en el ciclista más importante del Giro, entra a tirar y pronto quedan los mismos tres hombres delante. Kelderman se descuelga a la primera, y en el coche del Sunweb todos escupen el *espresso* (que en Italia lo ponen muy rico) y dejan de jugar al *Super Mario* pensando que, oye, vete tú a saber, igual te sorprende mi idea, pero no es descartable del todo que la cagásemos el día del Stelvio. Pero, ey, no pasa nada, coño, yo aún tengo fe. Hindley se pone rosa después de tensar un par de veces la cuerda en la

[5] Like de Casillas a esta frase, y a dos o tres fotos...

última subida y perder el esprint frente a Tao. Sí, mañana en la crono lo machacamos. Pero cómo se nos va a escapar esto, joder. Le estamos dando emoción...

A los prólogos es normal que todos lleguen en el mismo tiempo. Porque están situados al principio de las carreras, vaya. Antes de empezar resulta complicado salir con dos minutos cuarenta segundos perdidos (por poner cifra al azar). Aquí pasaba lo mismo, solo que la contrarreloj (apenas quince kilómetros) era el último día de tres semanas, y terminaba en el Duomo, que es un sitio chulísimo, y el premio resultaba gordo, gordote. Ganar el Giro de Italia, nada menos. Ganarlo cuando, veinte días antes, apenas nadie sabía cómo te llamabas, cuáles son tus características como corredor o de qué forma pronunciar tu nombre. Tao Geoghegan Hart y Jai Hindley, empatados a tiempo, prometían una lucha tan emocionante como inesperada...

Solo que... poca emoción. Tao controla casi desde el principio, mucho más sólido que un Hindley nerviosísimo, que lleva desarrollo demasiado ligero, que parece a punto de ser engullido por el Leviatán en cada rotonda. Al final fueron 39 segundos. Cuando al australiano le quedaban 500 metros hasta la Galería Vittorio Emanuele II ambos iban empatados a tiempo. Es decir, tras 3500 kilómetros de Sicilia a Lombardía la diferencia entre el primero y el segundo fue una recta de velódromo (de velódromo grande, ojo). Ya ven, qué jodido es el ciclismo.

Gloria a Tao Geoghegan Hart. Veremos si lo confirma en el futuro[6].

[6] Spoiler: No.

## UNA INCÓGNITA DE 21 AÑOS: EVENEPOEL EN EL GIRO 2021

01/05/2021, *El Confidencial*

A veces es en los límites que imponemos desde fuera donde vive la tabla de medir grandes campeones. Esas cosas que todos consideran imposibles. Las que, en un contexto lógico, ni siquiera plantearíamos preguntar. Debates estériles, sonrisillas de superioridad, el «yo digo esto, pero...» o «vete tú a saber». Todo. No es fácil, claro. Poner límites. No. Pero... en fin. Juguemos.

Porque eso pasa, eso va a pasar, con Remco Evenepoel y el Giro de Italia 2021.

Les pongo un poco en historia. Ustedes llevan escuchando hablar de Remco Evenepoel desde que el mozuco era adolescente. Solo que de eso no hace tanto, porque nació en enero del 2000, y si el amable lector piensa lo que estaba haciendo allá por enero del 2000 (pero siendo sincero consigo mismo, ¿eh?, nada de «estudiando, haciendo deporte y cuidando el físico») pues el asunto sale como para deprimirnos. En fin. Les decía que de Remco se murmura en esto de las bicis desde hace veranos. Primero como curiosidad estadística. Noticia de relleno. El chico belga que dejó un prometedor futuro en el balompié por el ciclismo. Ya ven, es que se vende solo el titular. Y eso que aún no había Superliga entonces, que en tal caso vaya usted a saber qué cifras estarían manejando los clubes grandes (esas señoronas de abrigo de piel y cara estirada que salen una vez al año para exhibirse en la colecta del domund) en retener al muchachuelo. Pero nada, que a las dos ruedas. Tiene aspecto de individualista, Remco, y un ego más alto que el campanario de Gante, así que le pega más un deporte donde haga y deshaga.

(Aclaramos que lo del ego es, a estos niveles de exigencia, halago más que crítica. Todos los grandes de la historia han tenido egos inmensos, motor ineludible para éxitos inesperados).

Luego empezó a ganar el mozo, y dejó de ser solo pintoresqueo de estadística. A ver, ganar, ganar... digamos que arrasaba. Con todo y con todos. Patadita decisiva allí donde compite, incluyendo auténticas masacres. Lo que hizo en los Europeos junior, por ejemplo, que fue algo como para poner Mayhem de banda sonora. Que vale, eran «Europeos» y «júnior» pero es que cada cual corre con su edad. Estrella antes de debutar entre los grandes. Lo hizo con diecinueve años, tiempo para kalimotxos y calabazas más que exhibiciones pro. Y, a la primera, aldabonazo. En Donosti (Donostia está muy bien si tienes diecinueve añitos, aunque sale algo caro). Clásica de San Sebastián. Se descuelga, enlaza, sube bidones, tira para adelante, por probar que no quede, ritmillo asesino y solo en el Boulevard. Victoria de nivel para un tipo que no había cumplido los veinte. Suponemos que nadie le pidió el carnet para entrar en las discotecas esa noche, porque menudo bochorno...

Para 2021 se puso la cosa agridulce. Qué les vamos a contar que no sepan, ¿verdad? Añito raruno, por decirlo en forma suave. También con Evenepoel. Altibajos. Sobre la carretera, un ciclón. Ganó todas las rondas por etapas que contaron con su presencia. San Juan, Algarve, Burgos, Polonia. A ver, tampoco es cosa como para hacer biografías, pero sí da buena imagen. Mostró, además, rasgos muy marcados. Pedalada incontenible en terrenos de sube y baja, gusto por el ataque de lejos (el chaval parece que si llega al esprint con Beloki, Escartín y Triki Beltrán acaba fuera del podio), dominio de la crono, a ritmo en montes. También toques megalómanos que combinaron lo bueno (ataque en Picón Blanco sin necesidad), lo sobrado (entró ese mismo día sacudiéndose caspa de los hombros) y lo negativo (en Neila arranca cuando tiene un compañero cerquita). Defectos por pulir, que siempre es cosa muy díver.

Así que el tipo afrontaba la parte más importante del año ilógico a plena confianza. Quedaba lo mejor, oigan. Su debut en Monumentos (Lombardía), su debut en Grandes (el Giro). Por el Lago de Como parecía tener opciones serias, visto lo visto. Y luego... tres semanas son muchas, pero en fin, que eso se lo jugaron a los chinos Tao, Hindley y Wilco Kelderman. Así que...

Ficciones. Subiendo Sormano perdió unos metritos con el grupo de cabeza. Nada, apenas suspiro, ni siquiera *descolgao-descolgao*. Pasa que delante va Vincenzo Nibali, y Vincenzo Nibali sabe que las carreras no son juegos matemáticos, y que bajar es tan importante como ascender. Así que se puso a tensar. Y a tensar. Y a tensar. Evenepoel no parece demasiado hábil encima de la bici. Duda. Tiene problemas. Se cae. Pero su ambición es mayor. Intenta seguir a los grandes, toma mal aquella curva, choca contra el pretil de un puente. Lesiones serias, la cadera hecha cisco, temporada que termina cuando empieza lo mejor. Y a ver cómo recuperamos de esta, que no es poca cosa...

Secretismo. El chaval adelanta plazos (los deportistas se matan por adelantar plazos, yo no sé cómo lo hacen), luego recae, luego está un tiempo sin tocar la bici. Debut pospuesto, pospuesto otra vez. Rueda en una concentración y la abandona, dicen que si se tira otras dos semanas sin pedales, luego vuelve. Apenas comunicado oficial, pero fotos de vez en cuando en redes, que es como funciona esta gente hoy en día. Y entonces su equipo, el Deceuninck, hace público calendario. Giro de Italia, Juegos Olímpicos, Vuelta a España, Mundial. No más. Ya ven, como si te lo hace uno que solo ve *El Chiringuito* y de ciclismo le suenan Perico Delgado y Anselmo Fuerte. Sinsentido. Entre medias, concentraciones. Muchas. En altitud, a nivel del mar, en la Fosa de las Marianas. Todas las del mundo. Pero... solo cuatro carreras.

Y, ahora, la duda. Solo plantearla nos hace conscientes del potencial que tiene Evenepoel. Porque es, en pocas palabras, quimera. Pero a ver quién es el listo apostando en contra. Por el «y si». Por el «vaya usted a saber».

El Giro.

¿Qué podrá hacer en el Giro?

De primeras... planteemos asunto. Bastante complicado ganar la primera Grande en la que participas. A mí me salen Anquetil, Hinault y... Vamos, tiro de memoria (no la tengo tan buena, si fuera así yo sería notario y estaría forrado, ojo), pero es que... nada. Bueno, sí, los pioneros. Garin, y Luigi Ganna, alguno más habrá. Pero claro, es que esos no cuentan casi. Parece jodido ¿eh? Ni Eddy, oigan. Ni Eddy.

Y, aun con todo, hay cosas más difíciles aún. Lo de ir a una Gran Vuelta sin competir. En plan comando, totalmente virgen. Locura. De esto sí que no me viene ningún ejemplo. Lo más parecido fue Marco Pantani en el año 2000 (y de Marco Pantani en los años noventa hablamos lo justo), que enlazó sanciones, recaídas, falta de ganas, noches farloperas y un cierto arreón final para plantarse en la salida tras once meses sin pisar pelotón pro. Que aquello saliese de la Piazza San Pietro no hizo sino ponerle azúcar al asunto, que para eso estamos en Italia (aunque, en tal caso, deberían ponerle un poco de esa ricotta que le meten a los cannoli... ay, los cannoli... prohibidísimos si quiere usted seguir a la grupeta el domingo). En fin, aquello era milagroso, y muchos bisbiseaban sobre si Pantani podría, sobre si Pantani no podría... Dominó tan fácil el Giro 99... Y era tan bueno... Y tan divino... Y tan calvo... Desafío para cualquier preparación mínimamente seria que se hubiese mostrado válida en los cien años de antigüedad que tiene esto de las bicis. Cayó por su propio peso. A las primeras de cambio... *descartao*. Vale que acabó con los mejores, y que hasta fue decisivo en el Izoard, pero... vigésimo octavo en la General. Eso sí entraba dentro de lo esperable...

Y ahora llega este mozuco, el Remco, y dos décadas más tarde pretende afrontar mismo desafío. Que los antecedentes no son idénticos, ojo. Ni en lo bueno (Pantani era el mejor corredor del mundo a mayo de 1999), ni en lo malo (la preparación del romañolo pues fue como fue). Pero, aun así, parece complicado afirmar que tenga opción alguna. Siendo objetivos ni siquiera debería rondar parciales, porque en la crono, donde más opción hay topará con Filippo Ganna, que es un auténtico ogro. Solo que...

Solo que también hay datos para el optimismo. Basados en la fe, la mayoría, pero qué quieren... el deporte profesional es un ejercicio de fe las más veces. Ese potencial que demostró el chico no hace tanto. Que el Giro se corra de una manera particular, con *crescendo* de dureza... podría favorecer a quien llega sin competición en las patas. Un poco menos exigente la *Corsa Rosa* este año, que también guay. Las cronos. ¿Etapas quebradas? Pues deberían agradarle. Buen equipo. Almeida apoyando o liderando, bastante sólido. No sé, clavos ardiendo. Al final siempre se busca novedad entre novedades, y somos cada vez más impacientes. Vamos, que si Evenepoel abandona el Giro en el segundo día de descanso (escenario probable) muchos se estarían echando las manos a la cabeza y enterrando a un tipo que acaba de cumplir veintiuno[7].

Así que disfruten de la carrera. Y sigan a Remco con el rabillo del ojo. Por si acaso. No vaya a ser que.

Oigan, sería algo histórico...

[7] Aguantó hasta la etapa 17, pero fuera de la general casi desde los primeros montes. Luego ha hecho carrera, el mozuco, eso sí.

Equipo Bianchi, ganador de la clasificación por equipos del Giro 1911 (autor desconocido, dominio público).

**28 mayo 1951.** Fausto Coppi al término de la etapa 9 del Giro de 1951 (autor desconocido, dominio público).

**1 mayo 1958.** Giovanni Pettinati con la *maglia* rosa en el Giro 1958 (autor desconocido, dominio público).

El ciclista Alfredo Binda, vencedor del Giro de Italia (autor desconocido, dominio público).

Luigi Malabrocca en 1920. Fue uno de los ciclistas más populares de la época, la maglia nera, que se concedía al último clasificado del Giro (autor desconocido, dominio público).

José Manuel Fuente (el Tarangu) brilló en las montañas del Giro. Ganó el Premio de la Montaña en 4 ediciones, 1971-74. En la foto, rodeado por dos jóvenes seguidores (Biblioteca de Asturias).

**26 mayo 2015.** Mikel Landa se dio a conocer en el Giro de 2015, en el que tuvo que trabajar para Fabio Aru, de quien tira en la foto (CC BY- 2.0 filip bossuyt).

**25 mayo 2024.** Tadej Pogacar se vistió de rosa el segundo día y ganó el Giro de 2024 con la mayor diferencia sobre el segundo desde 1965 (CC BY- 2.0 filip bossuyt).

**28 mayo 2021.** Peter Sagan vistiendo la maglia ciclamino durante la ascensión al Passo della Colma. Terminó ganando la clasificación por puntos al final del Giro (CC-BY-SA-4.0 Fuoco23).

**28 mayo 2023.** El presidente de la República italiana Sergio Mattarella entrega a Primoz Roglic el trofeo como ganador del Giro 2023 (Paolo Giandotti - Presidenza della Repubblica).

## *TOQUE DIFERENTE CON SABOR CLÁSICO: ANTE EL GIRO DE ITALIA 2021*

05/05/2021, *El Confidencial*

Usted, querido lector, llega siempre al Giro con ganas. Sí, sí, no se esconda, que no se ha de avergonzar. Son muchos meses ya sin Grandes Vueltas, y los *tappone*… en fin. Anda nervioso cual Gilberto Simoni a principios de mayo. Y este año igual un poco *demasié*[8], porque 2020 salió raruco (igual ni se enteró, pero hubo pandemia de no sé cuál cosa) y hay ganas como de normalidad, ¿no?

Por mi parte, cero justificaciones. Si a mí es que me encanta el Giro de Italia, qué le voy a contar. Hasta algún libro me salió sobre el asunto, no se lo pierdan. Serán los paisajes primaverales, o las cumbres nevadas (montañas nevadas no, que eso es otra cosa muy de moda ahora), o las iglesias renacentistas que te surgen casi en cada pueblo. El respeto por la historia, autoconsciente de que se es en base a lo que se fue. Y fiesta, claro. Color, risas, noches que a veces terminan cuando terminan. El Giro es distinto, porque Italia es particular. Y merecerá la pena amarla así.

---

[8] ¿Se sigue diciendo *demasié*?

Por eso no se vuelve uno loco con la participación. Sí, más abajo le comentamos de aquellos y los de más allá, de las opciones de Egan, de Yates, hasta de Landa dijimos algo. Pero no es lo trascendente, no. Fijarse en ausencia es espurio, sobre todo porque luego llega la Grande Boucle y esos mismos cuya no presencia lamentamos aquí se tiran tres semanitas al trantrán francés, dejando etapas de bochorno y algunas otras con interés *limitao*. Vamos, que tirarse de los pelos es más actitud vital (todo está mal, me encanta ejercer crítica desponderada contra el mundo) que realidad mensurable. De una forma u otra, con tipos consagrados, estrellas futuras o italianos robaperas, el Giro siempre acaba imponiendo estética y espectáculo. Así que quite esa perenne arruguita de odio que lleva en el rostro y disfrute, disfrute. Ya podrá luego quejarse del gintonic, que en este sitio lo ponen fatal, es una vergüenza, casi sin fruta, aquí no volvemos. Etcétera.

Así que el Giro de Italia. Cosa seria. Merckx, Gimondi, Coppi, Bartali. También Induráin, y Fuente, y Lejarreta. O Sella, Rujano y Ugrumov, tampoco ponernos exquisitos. Hay de todo, para todos. Igual que en el recorrido. Desde hace años por Italia se montan unas cosas chulísimas, con etapones brutales, puertos nuevos que trepan hasta las nubes, recorridos preparados por zapadores de la *Résistance* y hasta viejos conocidos que vuelven con rostro *cambiao.* Digamos que, en lo puramente orográfico, es la mejor Gran Vuelta cada doce meses.

Y lo es, entre otras cosas, porque debes detener tu mirada un ratito antes de emitir dictamen. Así, de primeras, te salen dos o tres ideas. Igual hasta improperios. Las cronos, que ya no sé qué debemos hacer para que pongan más cronos. Si en las cronos pierden tiempo los *grimpeurs*, joder, y esos después deben atacar cuesta arriba. Pues nada. Fuera contrarrelojes, que es poco excitante para la chavalada, esa que consume YouTube a mogollón y ve análisis que realiza cualquier flipado. Cualquiera que no sea yo, ¿eh? Dos cronos, primer y último día, porque a veces nos ponemos capicúa. Claro que cuéntale tú a uno de Milán que es lo mismo eso que Turín, ya verás las risas. En fin, se llevan un poco de aquella manera. Cómo decirlo... Regular. No entremos en cainismos, que tenemos todas las de perder. Pues eso, prólogo por los corsos piamonteses y final frente a la Galleria Vittorio Emanuele. Ocho y treinta kilometrillos. En fin, menos es nada.

Porque luego hay puertos para aburrir. De los pequeños, de los monstruosos. Bueno, igual entre estos últimos anda el Giro reumático este año, no me pregunten la razón. Digamos que la gran etapa reina, esa que la miras y te pones un poco Emilia Pardo Bazán, pensando excusas para decir a todo el mundo que no, mira, es que ya quedé, no puedo irme de comida con tu hermana, la que acaba de llegar desde Katmandú... esa etapa está ausente en 2021. No me entiendan mal, hay jornadas acojonantes. La dolomítica, sobre todo, porque los Dolomitas es lo que tienen, que pegas una patada a mala hostia y te sale un circuito circular con 4000 metros de desnivel. Este año engarzan Fedaia y Giau, nada menos, dos cosas muy serias. Yo ya estoy esperando. También la de Valle Spluga, con el San Bernardino, que tiene nombre para no asustar a nadie, pero es un bicho donde no querría verme en un día de calor. O sí, para qué engañarnos. Por debajo quedan etapas que podríamos llamar montañosas sin ponernos colorados. Alpe di Mera (con Mottarone de camino, y Mottarone es precioso pero bastante duro), Sega di Ala (nombre de jefe final en un videojuego por los noventa) o Zoncolan, que a mí es una cosa que no me vuelve loco, pero, oigan, doctores tiene la iglesia. Al menos suben por la cara contraria, la de 2003, y Pantani, y Simoni. Veremos.

Pero lo jugoso, lo mollar, viene por otros sitios. El Giro siempre te compone unas salidillas por media montaña de lo más coquetas, con sus pendientes imposibles, su enlazar puertos cortos y su «dónde coño está el llano». A mí me encanta, oigan, eso que vuelves a casa y tienes metros y metros de desnivel sin haberlo *preparao*. A ver, vas reventaduco, los riñones como para ponerlos a macerar y tres cuartos de hora medio pájara, pero es que sin subir hasta el cielo no te da esa sensación. Misterios del mundo cicl(otur)ista. De esas trampas, en el Giro, a montones. Casi desde la *partenza*, además... cómo mola el italiano, que carita de (pe) Dante se te pone al decirlo. Sestola, con cepos para osos por todo el camino. Ascoli, un par de señores puertos, solo que sin fama, ni nombre, ni flipados sacándose fotos en la cima para su instagram. Guardia Sanframondi, ídem. Campo Felice, ni un metro de llano, sube y baja asesino. O Bagno di Romagna, las carreteras por donde entrenaba Gino Bartali. Otra jornada jodida. Además, suben el Monte Morello, y yo soy amiguete de Juan Morello, un tío que sabe mucho de ciclismo. Tiene un par de rampas duras. El puerto, digo, no Juan. No se lo pierdan.

Ah, para lo último dejamos otra de las señas propias que tiene el Giro. Bueno, característica antigua, solo que fue desapareciendo con esto de la civilización, y ahora volvemos, porque lo de antes, para las bicis, siempre resulta más bonito. En pequeñas dosis, de acuerdo, no todos los días, pero, oigan... no me negarán interés. Hablo del *sterrato*, pistas sin asfaltar que son blanquitas con sol y se ponen color alubia canela cuando jarreamos agua. Seguro que entienden. Siempre deja fotos chulas, el rollo, y a veces hasta plantea batallas importantes. Este año tendremos un poco de grijilla en Campo Felice, y luego la gran jornada de Montalcino. Allí empezó todo, con Vinokourov y Evans atacando como locos, Nibali persiguiendo con la *maglia* y Basso tomando curvas a diez por hora, pidiendo por el pinganillo unos ruedines, por favor, esto no hay quien lo aguante. Al final acabó ganando el rosa, así que tampoco deberíamos sacar muchas conclusiones de este día tan distinto a todos. Eso sí, bonito será. Seguramente, vaya, que no hay ciencias exactas.

¿Y la participación? Pues es la que es. Para que se hagan ustedes una idea, de los diez primeros en 2020 faltan cinco. Y Nibali, que llegó sobre la campana. No repiten ni el ganador ni ese muchacho que estaba de rosa a veinticuatro horas del final. También es verdad que el Giro nunca ha necesitado de nombres para dar espectáculo, así que nadie debería echarse las manos a la cabeza.

Si nos ponemos en plan imparciales (algo que se nos da fatal) únicamente podemos hablar de dos favoritos. Ambos presentan currículum sobrado a esa etiqueta. Ambos tienen, también, motivos para la desconfianza. Vamos, que no descarten ustedes petardeos gordos.

El primero es Egan Bernal. ¿Condiciones normales? Fin de la ecuación. El tío que ganó el Tour hace dos años, que es joven, que llega arropado por un equipo fortísimo. Potente cuesta arriba, cumplidor en crono, muy listo, hasta un puntito de explosividad y buen hacer por el sterrato de la Toscana. Sucede que Bernal lleva dos años que no parece Egan. Le duele la espalda, dicen. Tiene una pierna más corta que otra, cuentan. Jornadas brillantes, irregularidad absoluta. A día de hoy lo que menos dudas plantea es su palmarés, el resto... con alfileres. Hasta el Ineos parece... distinto. Escuadra abrumadora, pero con varios alfiles que aún no ha demostrado saber que lo son (como sí ocurre con el núcleo fuerte de Francia). Si Ganna, Castroviejo, Martínez, Sivakov o Narváez funcionan todos a una, prácticamente inabordables. De lo contrario... no descarten que Moscon termine en la cárcel, Daniel Felipe rey de la montaña y Bernal pensando por qué yo, por qué yo. Aun así... favorito.

Uno de los dos. El otro se llama Simon Yates, y es un corredor pequeñajo, flacucho, nervioso. Pura clase con una patada en montaña casi incontenible. Sobre todo cuando es terreno quebrado, subir y bajar. Valiente, atacador, capaz de mantener apuestas desde lejos (desde lejos a día de hoy, para Chiapucci serían escaramuzas tontorronas). Llega muy en forma, además, porque se ha ventilado fácil lo que antes era el Trentino (uno es muy antiguo, qué le vamos a hacer). ¿El problema? Que trae malos antecedentes. Petadas antológicas cuando lo tiene todo *ganao*. Cierta inconsistencia. Hace un bienio sacó gran prólogo, dijo que sus rivales debían estar cagados, y acabo cagándola él. No importa, aquí bancamos siempre a los bocazas, oigan. En fin, dará espectáculo, pero ninguno echaremos las manos a la cabeza si hace una última semana disfrazado de Francesco Casagrande. Sin cinta en el pelo, ojo, este es más *cool*...

¿Detrás? Bueno, a ver... cómo decirlo. Sinceridad... tipos grises y anodinos, posibles sorpresas, veteranos que fueron y ya no son, jovencillos que apuntan, sospechosos habituales, curiosidades estadísticas y muchos italianos de esos que si les sale el mes los tienes todo el rato en la tele. Masnada, por ejemplo. Solo que lleva por delante a João Almeida, y Fausto no es de los que racanea el trabajo con sus compañeros. Jaja, qué tonto, es broma, hace unos meses no dio una pedalada de más, el colega. Ah, no he citado expresamente a Evenepoel, porque de él ya hablamos en su día. Todo lo que sea recuperar ritmo de competición sería un éxito.

Está también Vlásov, pero parece que le falta algo. O Carthy, pero la Vuelta fue la Vuelta, y no sabría yo decirle sí... También Hindley, que en 2020 pareció poder ganar el Giro, pero no lo ganó, y en perspectiva quizá no rodaba con tanta suficiencia, y además no ha asomado el morro, y lo difícil no es llegar sino mantenerse, y todas esas cosas. O Pozzovivo, que cada año pedalea con las piernas más abiertas, con el sillín más bajo. O Dan Martin, ya que hablamos de estilistas. También Buchmann[9], que hará entre los diez primeros sin que ustedes le vean el morruco, como es marca de la casa. Y Nibali, claro. Nibali. A Nibali hay que citarlo, aunque sea como homenaje. El tipo embelleció el Giro durante su apogeo, honró cada carretera transalpina por donde mordisqueó con ansia de escualo. El problema es que lleva años en claro decaer. Que, oigan, tampoco pasa nada, a todos nos llega, la media de tu salida dominguera baja, las resacas duran más. Si lo raro es Valverde, no envejecer...Sumen a Vincenzo, además de su dni, caída entrenando hace muy poco. En principio no debería contar para la general (no contará para la general) pero resulta complicado no imaginar una, quizá última, cabalgada de Nibali por Dolomitas o Alpes...

Rol parecido tendrá Romain Bardet. Vale que el año pasado anduvo con los tres o cuatro mejores en el Tour hasta su caída, pero ya parece un poco de vuelta con esto de las vueltas. Así que...cazar. Como Gallopin, Izagirre, Luis León, Visconti o De Gendt. En el Giro la nómina de Indiana Jones siempre es nutrida. A medio camino entre eso y el esprint andará Peter Sagan, que parece cada vez más fuera de lo suyo, pero tiene talento para aburrirte. Caleb Ewan o Groenewegen (recién llegado desde la sanción) se lo pondrán difícil en llegadas llanas y rectas, pero el eslovaco a veces se arremanga, tira de polivalencia y hace cosas epatantes. Veremos...

---

[9] ¿Se acuerdan de Buchmann?

Ah, la curiosidad estadística es Andrii Ponomar, ucraniano que corre para el Androni de Gianni Savio. Lo raro no es eso (Savio ha tenido ciclistas de Neptuno, Alfa Centauri y hasta un par de klingons) sino su edad. Dieciocho añazos tiene la criatura, ay, ven para acá, que te pellizque esos mofletes. En fin, es una anécdota, pero tendrá cámaras encima, y Gianni tan contento...

Luego están los españoles. En Movistar dicen que su líder es Marc Soler. El chico llega bien *preparao* (le he visto un montón de fotos tomando café a mitad de salida con Espargaró) y es de los que camina mucho con mal tiempo, así que podría tener sus posibilidades para conseguir alguna victoria de etapa. Por encima de eso y *top ten*... difícil, la verdad, porque en el Giro la alta montaña y es muy alta, y en cronos tampoco es que nos hayamos marcado ningún Senigallia. Por un pódium no apostaría ni Bea Fanjul un sábado por la tarde. Que oigan, puede ser (talento arrastra) pero...

Mikel Landa tiene todo de frente para hacer una gran carrera. Solo que... Malos antecedentes. Visto su historial no descarto que llegue con la *maglia* rosa al último jueves y salga positivo en un control de embarazo. O que lo secuestre Godzilla, uno nunca sabe. No importa, atacará agarrado abajo, y todos nos emocionaremos un poquito, porque sin emociones esto al final son doscientos tíos vestidos de forma extravagante y pedaleando durante muchas horas. Ah, no descarten *sorpasso* (palabreja *mainstream* estos días) de Bilbao, que llega sin hacer mucho ruido pero con preparación modélica.

Y eso es, más o menos. El Giro. Qué cosa tan bonita, qué de imágenes chulas nos va a dejar. De no perderse. Que luego te hablan sobre ello en la *grupetta* y no sabes ni qué decir. Aquí estaremos nosotros, para contarlo. De forma un poco particular, claro. Y menos mal.

## LA EXTRAÑA FIGURA DE MIKEL LANDA, EL CICLISTA PECULIAR

11/05//2021, *El Confidencial*

Mikel Landa. Ay, Mikel Landa. Con esos ojillos tristes, con esa sonrisa de «ven *pacá*, que te cuento lo de cuando me pararon en Finestre». Mofletucos como los de su sobrino, tan abrazable. Cierto toque de tipo despreocupado-pero-no, uno de los que triunfan en verbenas de pueblo, no me jodas, dejad ya al puto Tangana y tocad una de Los Suaves, hostias, *Dulce Castigo,* jajaja, cómo lo pasamos, oye. Seguro que saben a qué me refiero.

Solo que no. O no aún. O no siempre. Porque Mikel Landa es ciclista, ciclista profesional. Y, por mucho que diga la leyenda, uno nadie pulula en el pelotón (en la élite del pelotón) sin sacrificar romerías y miradas un poco así, como de medio *lao*. Queda para más tarde, eso. Casi siempre, vaya. Entre otras cosas porque tenemos asuntos por aquí. Oportunidades que, quizá, ya no vuelven. El Giro. El Giro, qué bonito el Giro, qué pasión el Giro, ¿recuerdas subiendo Umbrail en el Giro? Ningún lugar como el Giro.

Allí conocieron por primera vez a Mikel Landa. Bueno, había dejado destellos antes, ¿eh? Sobre todo, una etapa en las Lagunas de Neila, tirando como buen gregario, recuperando, remache a los jefes después. Cosa de brillo. Pero, en fin...aquello era Burgos (en Burgos Landa se mueve como pez en el agua, quizá por cercanía geográfica, y porque sus verbenas son terreno conocido), y no epataba demasiado. Pero hete aquí que llegamos al Giro 2015. Landa en Astana, escudero de lujo para un Fabio Aru que iba a comerse el mundo (al final el mundo lo devoró a él). Enfrente, Alberto Contador. Bueno, más gente, y de pelaje diverso (Kruijswijk, Hesjedal, aquel extraño elemento que fue Jurgen van den Broeck, el bizarro Yuri Trofimov), pero sobre todo Contador. ¿Adelantamos final? Segundo Giro para Alberto (tercero, según hagiógrafos) y Astana que pone picante al asunto. Landa, sobre todo. Dos victorias consecutivas, patadones por Italia como coces de caballo. Riendas bien firmes, eso sí, que si se nos desboca puede fastidiarnos al otro. Primera muesca en su palmarés de «casis». Mikel Landa es, a día de hoy, una leyenda de los «casis».

También tipo de currículum errático. Pasa por la Vuelta, ayuda otra vez a Aru, se quita el pinganillo cuando le da la gana, que si ponen reggaeton yo paso, mira, a tomar por el culo, que paso. Nos marchamos a Sky. Solo que allí...más de lo mismo. Brit Pop, no me jodas, esto es para pijitos, esto aburre a las ovejas. *Blur*, ¿en serio? Otra vez «casis». Dos años de «casis», oigan, que es marca muy a tener en cuenta, que no te lo mejora un tardoadolescente con las hormonas durísimas su primer verano loco. Casi en el Giro, donde siempre se cae, o le tiran, o le pasan cosas. Crono fantástica, un *cagondios* bien dicho cuando casi (otro «casi») besa el suelo, desfallecimiento de esos de sudar mucho y caminar meh tras de la jornada de descanso. También en el Tour. Y lo mismo, oigan. Un segundito al pódium, que ya es mala suerte. Sobre todo cuando atacas en la última de montaña y salta a por ti tu patrón (después de darte algo de cuerda, tampoco vamos a ponernos en plan fans histéricas). Luego Movistar. Tricefalia, qué coño es eso, a mí me gustan los cefalópodos, y si son en forma de rabas mejor. Nunca funcionó mucho. Aun así...puestecillos. Regularidad. Cuarto y sexto en Giro y Tour, año 2019, cuarto otra vez en Francia durante la Grande Boucle pandémica. «Fíjate si será meritorio eso, si hasta acabar el Tour ya es un éxito», nos dice Francisco Galdós, Paco, otro alavés que en 1975 estuvo a punto de ganar el Giro. Gran historia esa, oigan, un día se la contamos. Pasa con Landa que parece haber *olvidao* su diferencial en montaña, su *rush* para irse y que ya no le vieran. Digamos que se ha convertido en un escalador diésel, un poco rollito Escartín, pero aquí nos mola más la gasolina, dame más gasolina (¿ven?, se te cuela el sonsonete y luego no lo arrancas), y su runfar tremendo, y sus arrancadas épicas, y su meter metros...

«Es que Landa ha tenido una elección de equipos particular», me dice Peio Ruiz Cabestany, antiguo ciclista que también corrió en Italia. «Contador, por ejemplo, siempre llevaba conjuntos tirando a flojos, sobre todo en los últimos años, pero Mikel ve, pondera, piensa y elige». Así, a veces, pasa lo que pasa. Que te salen compañeros por el costado, decíamos. «Ahora le ocurrirá lo mismo, que se le pondrá Pello Bilbao por delante y acabará trabajando para él», concluye, con sorna.

Y entonces...qué.

Pues lo otro.

Lo otro.

En los años setenta España enloqueció. Enloqueció de Landismo. El Landismo consistió en coger a un tipo pequeñajo, fofisano, con entradas hasta la nuca, nariz redondota e hirsutismo salvaje en espalda y hombros...y trocarlo en mito erótico. De chiste o serio, pero ahí. Las suecas, que vienen las suecas, que se me rifan a Landa. Sí, amigos, ríanse usted de los libros que sacan concursantes de Operación Triunfo sin saber normas de ortografía... aquello sí que desafiaba a la lógica.

Así que el Landismo nuevo igual no es ni tan raro. El Landismo. A ver, cómo se lo explicaría yo, oiga[10]. Confianza ciega en que Mikel Landa podrá ganar una Gran Vuelta (o, en su defecto, alcanzar el pódium). Pues sí... pero no todo. Algo más. Una forma de entender las cosas. Seamos claros... brindis al sol. Espectáculo por espectáculo. Apreciar más un ataque condenado a no prosperar que cualquier otra cosa. Siempre que, claro, el ataque sea agarrado abajo. Como hacía Pantani, como hacía Riccò, solo que de Riccò no nos gusta el recuerdo. Bueno, de Pantani, en fin... pero nos

---

[10] Hay libro y todo... allí se lo dejan clarinete. O no.

pilló más jóvenes, y más inocentes, así que pase. Eso es Landismo... esperanzas excesivas en un tío que nunca ha podido cumplirlas (o, al menos, no de forma regular). Qué importa, Mikel gusta por cómo es y por lo que hace. Si no me fuesen a tildar de hortera diría que el Landismo es hasta una forma de vida (solo que lo releo y, joder... es una horterada).

«A mí lo que me fascina es el Landismo», me cuenta Peio, «y eso es mérito completamente suyo. Mikel es muy, muy inteligente, y lo alimenta. Porque allí, entre sus aficionados, hay de todo, nunca pasa desapercibido. A Landa lo amas o lo odias. Es un tipo que siempre genera expectativas, expectativas que nunca acaba por cumplir del todo, pero a la vez deja margen suficiente como para pensar que igual la siguiente vez sí». Y concluye con una comparación genial. «Es como una serie de Netflix. Tú ves un capítulo, te quedas con la intriga, miras el reloj, es tarde, qué hago, me voy a la cama... pero sigues, venga, probamos otro. Pues él igual. Y eso alimenta al Landismo».

El problema con los «ismos» es que al final tienes que refrendarlos con victorias, porque de lo contrario se te queda la cosa con vacío existencial grande. Que yo también era muy de Quaranta (un tipo *descolgao* subiendo el primer puente de la carrera tiene siempre todo mi apoyo) pero oigan, tampoco marcó época. Y con el Landismo... ay. Llevamos unos añitos regular. Desde 2015, redondeando, las cosas como son. Quizá ese Landa no vuelva nunca, no nos engañemos, pero el tema debe dar para algo más que pósters bonitos. Aunque sean muy bonitos, ¿eh?, así, agarrado abajo. Un pódium, al menos, con lo rico que es. Ya si cae algo por encima... joder, menudo fiestón. No quiero ni imaginar. Otro kalimotxo por aquí, hostias, con bien de hielo...

Y no pinta feote, el tema. En este Giro 2021, digo. Objetivamente hablando hay pocos que tengan más credenciales que Landa. Bernal y Yates, claro, pero ambos calzan interrogantes (no digo que Mikel no lleve uno gordísimo sobre el pelo, ojo... pero ahora hablamos de Bernal y Yates). Un recorrido que le puede ir, con poca crono y el grueso de la montaña al final de la prueba, ese sitio donde siempre se mostró más fiable. ¿Abanicos? Francesadas. ¿Adoquines? Cosas de hipsters. Aquí somos clasicotes, y como mucho te metemos *sterrato*, que no sabes cómo vas a salir pero oye, a priori mejor que los pedrolos, ¿no? «El Giro está muy abierto», dice Peio. «Están Yates, y Bernal, pero aún no sabemos cómo irá cada uno... añade que esto no es el Tour, que hay menos presión, que la gente asume riesgos y prueba cosas distintas con más libertad». Sumen a eso que parece bueno su estado de forma. El de Landa, digo. Poco a poco, sin diferencial claro para arriba (ya decimos que el paisano carbura a su ritmín...en general parece alguien tranquilote), pero con ausencia absoluta de enfermedades, caídas o similar. «A mí lo que más impresiona de Landa es la facilidad que tiene para andar sin casi correr ninguna prueba antes», dice Paco Galdós. «Ahí están sus resultados», sigue, «tiene una fuerza descomunal cuesta arriba». La curiosidad. ¿Y lo ves mucho, a Landa? «Bueno, a otros más, la verdad. Sé que a veces viene por una pizzería que tengo, pero no coincidimos demasiado». Y luego que lleva un equipo de lo más chulo, Mikel, con dos o tres tipos como para marcarte ritmuco cuartelero en montes. Claro que eso igual es hasta arma de doble filo, porque a Landa se le suele colar un equipier como líder, y luego quítalo tú de ahí, que yo tengo las manos atadas, no me jodas, otra vez lo mismo. Vistos los antecedentes no sé yo si Pello Bilbao no sería buena apuesta para el rosa...

Entonces... ¿confianza? No fastidies, eso no sería landismo, sino otra cosa. Induráinismo, o algo así. No, no, aquí confianza ninguna. Conociendo a Landa le puede tirar un *bersagliere*, o que le chamusque la bici algún dragón por los Abruzzos, incluso no es descartable un secuestro por parte de aquel basajaun que emigró a los Dolomitas y tiene ganas de guisos caseros. Todo eso entra dentro de la ecuación, y por eso es maravilloso el asunto. Pregunto a Peio. «Yo creo que hará lo de siempre. Entre tercero y quinto, o así. Cuando no esté cerca de los mejores atacará y abrirá hueco. Cuando lo vigilen más ya no será todo tan fácil». Paco Galdós casi clava el pronóstico. «Entre los cinco primeros, algún día fallará y se le irá la victoria».

Luego reflexiona.

«No, entre los tres primeros, pódium».

Y sin embargo... ¿Les soy sincero?Yo es que ni siquiera descarto que Mikel cometa la sublime grosería, la vulgaridad suprema, de ganarse el Giro. Sería una mancha enorme para su historial (eso que no va solo de palmarés, y que a ratos se pega de hostias con el palmarés) pero oiga, supongo que le iba a cundir bastante. Sea como sea... veremos. De una forma u otra no dejará a nadie indiferente en estas tres semanas.

No sabe cómo[11].

---

[11] Al inicio de este artículo, que publicó *El Confidencial*, insertamos la siguiente nota: «Actualización: Landa ha sufrido una caída a 3,4 kilómetros de la meta de la quinta etapa del Giro y no ha podido cruzar la meta, por lo que queda descalificado de la carrera. El percance sucedió en una zona de rotondas que da acceso al esprint, donde también cayó Joe Dombrowski, ganador de la etapa de ayer, que ha conseguido terminar sin apoyar el brazo izquierdo sobre el manillar. El ciclista vasco se encuentra bien y consciente, pero ha sido trasladado al hospital y se desconoce el alcance de las lesiones por el momento. El perfil que viene a continuación es anterior a la caída del español». Es imposible ser más landista que un reportaje sobre Mikel Landa al que le debes meter frasecilla del pelo «escrito antes de que Mikel Landa se hostie y abandone el Giro». Maravilloso, macho.

## VIKINGOS, LANDISTAS Y ATTILA: LAS PRIMERAS CUESTAS DEL GIRO

13/05/2021, *El Confidencial*

El mapa de Italia te lo sabe dibujar cualquiera. Incluso esos adolecentes que siempre visten chándal y quieren, de mayores, salir en un *reality* de Telecinco. Bueno, esos no... El mapa de Italia te lo sabe dibujar casi cualquiera. Arriba hay una cosa así como rectangular, montañas en el norte. Montañas muy altas, y muy bonitas, y muy escénicas, montañas que te entran ganas de ir mañana mismo con la bici, hop, y ponerte a penar sobre ellas. Pero ya llegaremos a las montañas. Es septentrión, luego tienes la Bota, que todo el mundo sabe dibujar una bota. Dividida, justo en el centro, de arriba hacia abajo, por más montes. Los Apeninos, les dicen. Luego tienen sierras, y mapas chiquitucos, y hasta retinglar en dialecto... pero así, en general, nos vale eso de los Apeninos. Son puertos más pequeñajos que los boreales, pero también tienen su miga, no crean.

En esas anda el Giro, tocando Apeninos aquí y allá. Arriba, un poco más abajo, luego paseamos por los Abruzos... esas cosas. Media montaña, le dicen, aunque bien hubieran sido etapas reinas en cualquier Vuelta hasta... no sé... ¿1992? Bueno, no toca eso hoy. En fin, sube y baja, ni un metro de llano, pasos de siete kilómetros que la organización no puntúa (los organizadores del Giro son unos cachondos para esas cosas), la meta situada un ratuco más allá del pueblo, en esa subida tan escénica, sí, mire, ahí arriba, hay unas vistas preciosas, si hasta Cavour anduvo una vez por aquí y dijo que era lo más bonito de toda nuestra Italia... lo-más-bo-ni-to, *fratelli d'Italia, L'Italia s'è desta,* etcétera.

Pues eso. Paisajes verdes, bosques que están de un floreado bien lindo, comunas chiquititas vestidas de rosa, con sus iglesias renacentistas, sus «Viva il Giro» hechos con pacas de heno y sus banderines multicolor. Todo luz y calores. Bueno, y más cosas.

Trampas. O agua. Toda la que quieran, aquí nos sobra, miren, miren esos arroyuelos como rumorean, los cabrones. El martes, por ejemplo, que empezó a jarrear en la salida y así, más fuerte o más flojo, hasta que entraron los corredores en Sestola. Casi doscientos kilometrines entre un tema y el de más allá. Y puertos. Bueno, puertos... mejor trampas. Para cazar alces. Cepos que se esconden entre bardas y te muerden así, ñam, cuando menos esperas. Tú vas tan tranquilo, hablando con el de al *lao*, qué tal los niños, pues muy bien, ¿has ido por el Teide?, uy, sí, no veas cómo estaba, sobraban vatios como para iluminar el CERN, y entonces... zas, caíste, un rampón del doce por ciento, luego cambio de piso, dos curvas cerradas, hojas caídas por el suelo (pero, oiga, ¿no estamos en la estación esa de no tener hojas caídas por el suelo?), asfalto un poquito peor, catorce, quince, dieciséis... hasta el veinte por ciento. Intentas seguir la charleta, es imposible, llevas todo metido, no avanzas, alrededor hay otros cincuenta tíos jadeando como perros a mitad de agosto. Un rato, solo un rato. Cima. Bajas. Pero, joder, bajas tenso, la bici botando, peraltes puestos al revés, aquí no descansa nadie, si llevamos todos los nervios del mundo, si mastico el agua que escupe la rueda del que me precede. Vaya mierda, los brazos hechos un flan. Pueblo. Salís. Otra vez subida. Perro mundo. ¿Y dice usted que entrar en Gran Hermano es fácil? Porque estoy por probar suerte...

Así que... lo dicho. Trampas mortíferas. Ciclistas empapados que pedalean junto a huesos de dragones, restos de mamuts lanudos e, incluso, una estela que recuerda dónde atacó Merckx (las hay repartidas por todo el continente). Y empiezan a pasar cosas, porque se estaba poniendo el asunto para que pasasen cosas.

¿Primer damnificado? Almeida. João Pedro Gonçalves Almeida, que tiene, sin duda, el nombre más portugués que uno pueda imaginar (exceptuando, quizá, Enrique el Navegante). Pues eso, que el amigo João se da cuenta que 2021 no es 2020, y que por delante no tiran Kelderman y Tao, y que eso es mucho ritmo, y que qué puto mal tiempo, menudo frío, creo que me descuelgo, creo que no. Al final unos minutitos en meta, y la capitanía del Deceuninck para Remco Evenepoel antes incluso de entrar en los últimos diez kilómetros.

Allí... fuegos. Fuegos de artificio. Por delante, por detrás. En vanguardia hay un ganador y un vikingo contento. La etapa va para Dombrowski, tipo que llegaba con vitola buena a esto de las bicis pero entre los pros solo había destacado por sus comentarios en Tripadvisor. Que si los hoteles de la Vuelta, que si tengo una cama redonda, que si parece una casa de putas. Aclaremos... parece, que el muchacho no es Frank Vandenbroucke. Alza los brazos, encuentra redención (es una forma de hablar, dormir en camas redondas no te convierte en pecador) y un primer paso para el futuro. Poco dura la alegría, Sancho... Ah, por allí estaba también Alessandro de Marchi. De Marchi, con sus pintas de vikingo a punto de atacar Northumbria. De Marchi, que sacrifica bielas a Odín. Bueno, pues maglia rosa para él, ya ven, a veces hay botín gordo. Un liderato, un reino en Sicilia... algo. Ah, con palmo de narices se quedó Rein Taaramäe, estonio veterano de las guerras napoleónicas (más o menos), que escapó cuando lo de Lïtzen para morir casi en la orilla (ejem).

Y más fuegos. Artificiales. Ojo, ojo, ojo, que asoma Mikel Landa. Un acelerón seco, sostenido. Toma distancia, pero lleva manos sobre gomas de los frenos, y eso no enardece a nadie. Pero... *cuidao... cuidao. Cuidao* que Landa apoya deducos en la curva del manillar, que se levanta del sillín, que está atacando *agarraoabajo*. Y entonces sí... entonces los cielos se abren, la sangre de San Genaro se licúa, los cannoli son bajos en calorías... Albricias. Zapatetas.

Con Landa se van los (otros) cuatro tipos más fuertes del Giro. Al menos aquel día. Giulio Ciccone, Bernal (que sale muy fácil), Vlásov (le cuesta un poquito). Y, cien metros más tarde, aparece por allí Hugh Carthy. Haciendo muecas, cerrando los ojos, dejándome todo el macadán perdidito de babas. Carthy, con su aspecto de mártir Cristino, con su maillot multicolor de Jorge Campos a punto de hacer una cantada (me encanta el maillot, por cierto... talla escritor xxl, por si son generosos). Carthy, que dan ganas de darle un cocido al pobre, todo huesos y pellejo, la bici con tubos más *fattis* que sus brazos. Pero ahí está, el tío. Y parece que va a seguir...

Cuatro kilómetros de subida y nos hemos quitado de en medio a un montón de tediosos, aguafiestas, chuparruedas y tipos sin carisma. Esto es lo bueno que tiene el Giro, amigos, porque en el Tour no pasa. Si a veces hasta te lo gana uno de los anteriores. O te hace pódium. O te lleva un equipazo *pa na*. Ya saben. Al final, diferencia magra. Once segunditos. Evenepoel que tira por detrás, mostrando ambición como para llenar una piscina (salvo la piscina de Hinault, que rebosa). Bardet, Hindley, Martin, Bettiol. También Simon Yates, traquitas en Grandes Vueltas (más o menos misma regularidad que exhibe en pequeñas). Yo ya dije que era favorito junto con Egan, y eso es una losa difícil...

Al día siguiente...final en Cattolica. Si es que parece un mal chiste, joder. Un día, un puto día duró lo de Landa. La ilusión. Fundada, porque dio sensaciones buenísimas. Porque nadie parecía muy por encima de él. Hombre, ganar, ganar, lo que se dice ganar... pero un pódium de esos ricos sí estaba a su alcance. Y, en fin... Cattolica. Ni chistes. Dombrowski (¿se acuerdan?... sí, hombre, el de los *puticlús*) da un bandazo para esquivar cierta isleta central. Tres kilómetros a meta. Cae, arrastra a Mikel, que pasaba por allí, que ni le iba ni le venía. Desafortunada coincidencia. Clavícula rota, unas costillas. Retirada del Giro, el Tour muy difícil, la Vuelta... en fin, falta un mundo, para la Vuelta. Veremos. Ay. Al menos le dio tiempo de salir por la tele atacando. Alguno llegará a Milán sin marcar esa casilla...

Ah, ganó Ewan, que es pequeñajo y rápido. Dombrowski a casa. Y Sivakov. Final peliagudo, con muchas rotondas, y cruces, y curvas, y todos esos rollos que hay en las ciudades. Fue una desgracia, porque la señalización era correcta, pero, para llegar a Cattolica, los ciclistas pasaron viacrucis.

(Ya paro).

El sexto parcial terminaba en Campitello Matese. O en Montevergine. Lago Laceno. Monte Sirino. Montecopiolo. Limone Piemonte. Seguro que me entienden, ¿verdad? En 2021 llamaban al tema San Giacomo, puerto situado kilómetros más allá de Ascoli Piceno. Y eso... subida floja, final duro. Si está todo inventado, vaya. La particularidad es que antes los ciclistas pasaban por el Tíbet. Sí, sí, por el Tíbet. A mí que no me engañen, eso de Forca di Gualdo y Forca di Presta llevaba a la meseta del Tíbet, coleguita, con caminos solitarios, diminutos en mitad de un mar... en fin, un mar de nada. ¿Pueblos? No. ¿Casitas? Tampoco. ¿Cultivos de tulipanes? Meh. ¿Manadas de yaks trotando alegremente? Pues no salieron por televisión, pero juraría que a lo lejos asomaban. Vamos, que muy chulo, para qué decirles lo contrario. El Tíbet. O Cimmeria.

Acompañaron los de las bicis, ojo. Aunque fuese con algo bastante raro. Entró Ineos en el puerto como si arriba regalasen maillots de Rapha. A ver, tú, el alto... cómo te llamas... Filippo, eso, Filippo... mira, colega, ponme un ritmo de esos sabrosón y a ver si pasamos ratuco chulo por esta zona tan desangelada, ¿vale? Y Ganna que obedece, porque ya que estás por allí al menos dale a tu cuerpo alegría, Macarena. Hasta abanicos *pa* arriba hicieron, que yo ya los vi allá en 2003, Envalira, Vuelta a España, solo que entonces la nómina era una peli protagonizada por Christopher Lee, así que corramos tupido velo.

Damnificado, lo que se dice damnificado...bueno, el líder. De Marchi, que jura en norreno, que promete venganza, que consagra su vida a Wotan y hasta quiere colgarse de un arbolín para después tirarle runas al morro a ese larguirucho de Ganna. Veremos si la cosa crece...

Subida final, y todo parecido. Ineos tirando. A veces con seriedad (si lo hace Castroviejo), a veces en plan tróspido (cuando le tocaba a Moscon). Y ataca Bernal, que para eso es el gran líder, y los grandes líderes lo son porque hacen estas cosas. No le vendría mal a alguno apuntarse frasecita en el maillot. Con él Dan Martin (perdiendo vatios en cada chepazo), Ciccone (ojo, van dos) y... Remco Evenepoel. Que no da un relevo, que parece subir *sobrao.* ¿Yates? Al baúl de la historia. ¿Vlásov? De joven promesa a esperanzas incumplidas en doscientos metros. ¿Carthy? Hoy flojeando, la misma cara de írsenos a morir en cualquier instante. En fin. Ese tono. La etapa para Gino Mäder, que aguanta el último arreón de los líderes, con Bernal segundo y Remco esprintando al nivel de Alberto Leanizbarrutia. Su equipo, el de Mäder, pequeña alegría tras el mal trago en Cattolica. O algo así.

Entre los buenos... segundines. Nada muy gordo, nada que vaya a garantizar contratos o hundir carreras. Parece que Evenepoel se va a poner su primera *maglia.* Yo ya estoy preparando la máquina de cantar loas, porque siempre satisface eso, ¿no? Estuve allí, la vez inicial, cuando empezó todo. Pero no... los jueces suman y restan (que trabajen... kilómetros antes andaban de cháchara con el director del Bike Exchange y hala... un ciclista atropellado), se llevan dos, sacan la raíz cuadrada del Stelvio, tiran diagonal entre Mortirolo y Gavia... No, amigos, el belga no es líder. Ligera decepción...alegría luego. De rosa viste un tipo llamado Attila Valter. Attila. Valter. Ciento y pico años llevamos de Giro y no hubo jamás nadie liderando con un nombre tan acojonante. Acojonante de verdad. Attila. Uhhh. Que saliese bien parado de Cattolica nos hace pensar que oye, igual esta vez no hay un León que lo detenga. O un Aecio. Attila Valter. Segundo Remco, tercero Egan. Cuarto Aleksandr. Si es que da gusto ponerlo, solo faltan Bleda y Troy McClure.

Veremos cómo evoluciona el asunto. Y cuánto tiempo puedo pasar sin hacer chistecitos sobre el caballo de Valter.

## DRAGONES DE HIELO, INDIES SIN GANAS Y PERROS PASTORES: SOBRE EL GIRO DE ITALIA 2021

31/05/2021, *El Confidencial*

Egan Bernal nació en Zipaquirá, como Efraín Forero. A Forero le llamaban el *Zipa indomable*, por manías suyas como caer, romperse cosas y no abandonar ninguna carrera. Una vez fue su propia mamá quien lo levantó del suelo, limpió sangre en rostro y le dijo que, hala, a la bici otra vez, que no me entere yo que te bajas de la bici. La buena señora iba en el coche de apoyo, porque madre no hay más que una y a los directores me los encontré en la calle. Ah, Efraín Forero también ganó la primera Vuelta a Colombia, una de esas cosas que nunca cambiarán por más años que pasen.

Bernal también tiene. Hitos gordos, decimos. Escarabajo que logró el anhelo máximo, sueño de toda una nación respirante de ciclismo. París desde lo más alto. Fue en 2019, y pareciera Edad Oscura. Ahora el mozo reincide. Nada menos que un Giro. A su edad Induráin aún no tenía etapita en Francia, así que el futuro parece optimista con él...

Solo que es tan cabrón, el futuro...[12]

---

[12] Joder, lo releo y me entran escalofríos.

**Retorno a las flores**

Volvió el Giro de Italia a primavera, que es su elemento natural. El año pasado nos lo trajimos a septiembre, por esas cosas que todos ustedes saben, y oigan... A ver, el experimento salió bien, porque la meteorología dio tregua, y porque los paisajes de hojas caídas por cunetas y árboles a medio despellejar pues tenían lo suyo pero...El Giro es otro rollo. No es luz mortecina, sino luz alegre. No es ponernos cada tarde una chaqueta ligeramente más gruesa, sino ir enseñando cada noche más cacha. Es ese tono desenfadado de quien ve cerquita cierto relax, una manera distinta de entender atardeceres y findes. Muy italiano, oigan. Y bueno, en fin, no es por señalar a nadie con el dedo, pero si el sueño de la razón produce monstruos los Giros de trémulo otoñal te arrojan al morruco un pódium con Tao, Hindley y Kelderman...

Así que eso...vuelta a nuestro sitio, que llevamos la centuria con estas fechas y ya nos hemos acostumbrado. Concurrela... bueno, a ver... no es para sacar álbum de cromos. Digamos... más expectativas que realidades. Eso sí, expectativas muy gordas. Por palmarés, favorito indiscutible Egan Bernal. Nada, cero dudas, hasta aquí, no deben leer otros argumentos. Alguien que ganó un Tour hace dos añitos, que tiene solo veinticuatro, que corre en el equipo más fuerte, que aparece en las cartas (¿sigue habiendo cartas de bicis?) como escalador en la prueba de los escaladores. Denle ya la *maglia* rosa y que no sufran esos locuelos durante veintiún días. Pero dudas. El Tour 2020 (toda esa temporada 2020). Su espalda. Que tiene una pierna más larga que la otra y nadie se lo había detectado hasta ahora (pensábamos que hacía imitaciones de Chiquito y por eso andaba raro, se quejan en su muy profesional *team*). Pocas certidumbres, mucho por resolver.

Un mozuco, ¿no? Para nada. Hay otro aún más joven, de nombre aún más eufónico. Remco. Chavalín con acné en la cara, aparato de dientes y muchas ganas de apañar el sábado dos o tres quinitos de esos históricos. O edad calza, sí. Porque este, en realidad, es ciclista. Joven prodigio. Debe ser jodido que en tu tarjeta de visita ponga «joven prodigio», porque las expectativas se desbordan un montón. Pues con el belga ocurre. Aunque venga de partirse por cuarenta lados la cadera. Aunque lleve ocho meses sin competir (planificación raruna para esto de una Grande). Qué importa. A los tipos como él (si es que se puede llamar «tipo» a alguien de su edad) se les piden imposibles porque de imposibles nos han llenado antes. Digamos que era gran incógnita. Esa que todos queríamos ir despejando.

Los favoritos. Uno por decreto, otro por relato. ¿Detrás? Pues un montón de cosas. Viejos truhanes como Nibali. Gente que llega con la preparación perfectamente afinada (afinada para petardear, vaya) como Yates. Jóvenes perlas, ese Vlásov. Forajidos de rostro encubierto como Ciccone. Y Mikel Landa.

Mikel Landa es el ciclista de todas nuestras adolescencias. El tipo que siempre despierta más expectativas de las objetivamente razonables (como la adolescencia). El que nos devuelve esperanzas con cada gesto, por pequeño que fuese (como en la adolescencia). El que a veces parece primar una cierta forma de hacer las cosas por encima del resultado (como afrontamos la adolescencia). A quien siempre se le cruza cualquier rollo ajeno para impedirle alcanzar objetivos mayores (igual que le pasó a usted hace años, querido lector). Landa tiene cara de «continuará...» y más *cliffhangers* que la filmografía completa de Hitchcock. En la época de las teleseries, Mikel siempre es último capítulo de cada temporada...

A veces pareciera esclavo de su propio personaje, de esa aura con leve desgracia (una gran desgracia sería tener las mismas desgracias, pero contratos mucho peores) que lleva sobre el casco, cual fuese bichejo de Füssli. Como este Giro. Caída, quinta etapa. Ni le va, ni le viene. Nada de culpa. Dombrowski al suelo, emboque. Ambulancia y a Vitoria. Continuará...en la Vuelta. Fines de agosto y principios de septiembre, época de fiestas del patrón. Ya verán ustedes qué risas...

Ojo, tuvo tiempo para ser protagonista y atacar. Hay gente que te firma trece *top tens* en Grandes y no podemos decirlo, porque el gris es un tono muy presente en pelotones de estos años (quizá porque hay ciclistas finos, finos, y el gris ensancha). Fue camino de Sestola. Mikel tira para adelante, se van con él Bernal, Ciccone y Vlásov. Nombres repetidos durante muchos días, porque Chéjov escondió la pistola en una de las primeras páginas. Por detrás Remco Evenepoel persigue. La lluvia, dicen unos. Esfuerzos cortos e intensos como que no, contestan los de más allá. Pero mira qué suficiencia al final, apuntan, ufanos, otros. Síntomas, síntomas. Están ahí, pero solo se ven a posteriori, porque la actualidad es tozuda. ¿Quieren otro ejemplo? Aquel día ganó Dombrowski. Lo que cambia la vida en veinticuatro horas...

Hasta final de semana...bueno, poca cosa más. Temas molones. En San Giacomo se pone de líder Attila Valter, que es tan húngaro como su nombre indica, y se presta fácil a hacer chascarrillos (especialmente en un deporte con montura). Yo, educado, no lanzaré ninguno, pero si el bueno de Attila destaca en Tour o Vuelta no creo que pueda contenerme, porque los tengo todos en la punta de los dedos. Ay. La *maglia* era entonces, por cierto, Alessandro de Marchi, que tiene pinta de subirse cualquier rato a un drakar y descubrirte Islandia. En ese sentido, en «molonidad», el Giro iba perfecto. Lo otro... En, fin, que los líderes igual, *grossomodeando*. Ni locuras ni apocalipsis. Todo muy ciclismo de ahora, vaya.

Attila, joder. Attila. Danos tardes de gloria, Attila.

### Mordiendo el polvo

Quedaban dos etapas para día de reposo, porque los italianos son muy suyos, y decidieron que era bueno ponerlo en martes. A mí no me miren, igual había oferta en el pranzo. Ganadores de prestigio, no se crean. Peter Sagan, que cada día parece un poco menos centrado en la bici y un poco más centrado en... no sé, en ser Peter Sagan, que parece cosa divertida pero también algo agotadora, con todas esos estómagos que alimentar y todo ese carisma que se te cae como la caspa a los funcionarios del registro civil. Etapita, *maglia ciclamina* (que le queda como a Julio Llamazares un libro muy gordo debajo del brazo) y el feo gesto de no permitir a cierto compañero desarrollar libremente su profesión. En fin...

En Campo Felice ganó Egan Bernal. Latigazo violento, uno de esos que quedan geniales en videos a final de año. Diferencias cortitas, porque esto es ciclismo de hoy, ustedes se emocionan pensando en Fuente, en Hinault, y oigan, miren, pues qué va. Pero es lo que hay. Primera etapa para el colombiano en una Grande (y eso que ya tiene leoncitos por casa), primera *maglia* rosa. Vendrían más.

Casi reincide tras el descanso. Bueno, en realidad triunfó la escapada, porque en este Giro no han hecho más que triunfar las escapadas, que tú te escapabas en este Giro y tenías bastantes más opciones de éxito que en las rifas de la feria, qué bonito el perrito piloto, compre, señorita, que toca siempre. Victoria para Mauro Schmid (lugarteniente de Hydra, división ciclismo) y Bernal que vuelve a sacar tiempo. El día discurrió por tramos de *sterrato*, esa cosa que la carrera trajo directamente desde décadas atrás en 2010, porque aquí somos muy de revolver *vintachismos* y ponernos maillots de los setenta. Más allá de la estética (que es a-co-jo-nan-te), los tramos con grijilla aportan espectáculo y equilibrios que pueden ser distintos a los de cualquier otra jornada. Salvo por Egan, claro, que arrasa. Y por Evenepoel.

Al flamenco se le pone farruco el Giro en una tarde que pintaba sabrosona. Subidas breves, porcentajes altos, potencia y más potencia. Perfecto. Salvo por dos o tres factores. Uno, llega sin competición en las piernas, porque todos queremos descubrir la pólvora y ser más listos que nadie. Dos, el chico tiene serios problemas con los descensos, y eso es hándicap gordo, pero gordo de narices, cuando hablamos de terreno sin asfalto (o de los Dolomitas, o de San Valentino). Y tres... bueno, nunca había competido tanto ratín, y la incógnita siempre está, y yo también tiro bastante hasta los cien kilómetros y después busco cabina de teléfonos para llamar a casa y que vengan, por favor, estoy en el cruce de Espinilla...

Detrás... todo mal. Para Remco, digo. Cada vez que la carretera se empina, dificultades. Cada vez que el asfalto baja, calvarios. Fuerzas que se evaporan, petada en *tappone* que no fue, caída trentina y abandono. Decepción para quienes esperaban más, refocilan los agoreros de siempre. Al menos el chico es joven. Usted y yo, querido amigo, ni siquiera podemos decir eso...

Y, en fin... siestucas. Tipos con su jornada feliz, media montaña que nos deja a medias, un paseo por Gorizia sin Telón de Acero ni *na*. Y dos golpes del líder. En Zoncolan, por Cortina d´Ampezzo llega otro.

Se subía Zoncolan por su cara fácil. Tres kilómetros de agonía, antes unos cuantos con mero dolor. Al menos para los ciclistas, quienes escribimos tenemos otras consideraciones... Cara más fácil, la misma que en 2003 vio hojas secas cayendo de los árboles mientras Marco Pantani apretaba dientes y ponía cara de estar muriendo un poco. Este año ganó (oh, sorpresa) mozo que venía de escapada. Lorenzo Fortunato, por nombre. El «patrón» de su equipo, antiguo profesional, se grabó espontáneamente en instagram para celebrarlo de forma comedida y elegante, en la mejor tradición de cuarentones *mamils* (si no saben lo que es un *mamil* busquen definición, no tiene desperdicio). En fin, quitar redes sociales a deportistas y exdeportistas igual es algo que podríamos debatir un día de estos en el Parlamento Europeo, también les digo...

Entre los buenos Bernal vuelve a salirse, con Yates resurreccionando, porque Yates se ha tirado todo el Giro así, que si me muero, que si me pongo tontorrón al tercer día, que si hola, buenas, qué tal, soy Lázaro, que si mejor no apuesten por mí para la siguiente etapa. En fin, rarísimo. Eso sí, tiene unas pintas de dominador en noches noventeras que no se puede aguantar...

Pero... qué importa todo esto. Los segunditos, los ataques hacia atrás, los Vlásov, o Ciccone, o Caruso. Llegan Dolomitas, y aquello es Cimmeria en plena guerra civil, con su sangre, sus monstruos y sus forzudos dando vueltas a un molino para echar espaldas (buen entrenamiento, eso del molino, porque pasar de Jorge Sanz a Arnold tiene lo suyo). Fedaia, Pordoi, Giau. Es que hasta los nombres son bonitos. Con Malga Ciapela, con esa recta tan guasona mientras subes al Lago Marmolada, esa donde avanzas dando chepazos y transmitiendo penas sin fin. Qué ganas. Cartas arriba.

Solo que no. Sale el día regulinchi en la meteorología. No dantesco, no horrible, ni siquiera potencialmente peligroso. Frío, lluvia, nieva por encima de los dos mil metros (una sorpresa para todos, que nieve por encima de los dos mil metros). Vamos, que los ciclistas no iban a pasar por delante del Torreón de Craster (no me fío yo mucho del tal Craster, ¿eh?) y tampoco estaba previsto encontrar pingüinos en brañas, pero, claro... ¿Es que nadie va a pensar en los púberes? En fin, para prevenir resfriados, dolores de tripita y hormigueos en los pies a la hora de duchar, la organización (o los corredores, o todos un poco) se cepilla un par de puertos, aduciendo que allá arriba los alces campan libremente y se han avistado desde Yetis hasta Almas, pasando por Bigfoots, Sasquatchs, Basajaunes y cantantes de Eurovisión. Demasiado riesgo, sin duda.

Lo que queda fue... bueno, tampoco se lo puedo contar, porque falló la señal televisiva, aunque estamos en 2021, y esto no debería estar pasando, pero, en fin, qué sabrá de estas cosas un escritorzuelo con ínfulas. Tomas preciosas de meta. Las tiendas en Cortina, un perrete graciosísimo, mozas sonrientes, mozos gritando cual becerros. Todos abrigados, pero sin tener encima pieles de tres osos blancos, no sé si me explico. Vamos, cierta sensación de hurto, tampoco vamos a negárselo, porque veníamos a un concierto de Megadeth y han salido Eros Ramazzotti y Bertín Osborne para cantar rancheras. Ah, en la competición gana Bernal, y sentencia todo esto. Eso parece, porque por detrás sus rivales arriban en goteo paulatino, a más o menos rato. Es el más fuerte, es el mejor, tiene equipo confiable.

Nada que ver aquí, como decía Leslie Nielsen...

## Semana final del Giro, *written and directed by* Rod Serling

«Existe una quinta dimensión más allá de lo que el hombre conoce. Es una dimensión tan colosal como el espacio, sin límites, como el infinito. Es el punto equidistante entre luz y sombra, entre ciencia y superstición existe entre el abismo de los miedos del hombre y la cima de su conocimiento. Esta es la medida de la imaginación, un espacio que llamamos La Dimensión Desconocida».

La última semana del Giro estuvo dirigida por Rod Serling (todos en pie, aplauso, ovación). Solo de esa forma podemos explicar la cantidad de apariciones fantasmales, viajes a lo Phineas y Ferb o misterios *fernandodelososínidas* que nos fueron echando a la cara tarde tras tarde. También diré, no descarto que los problemas de emisión en Dolomitas vinieran provocados por gremlins...

A ver, asuntitos raros... En Sega di Ala el líder sufre. Que, oigan, sufrir sufrimos todos (ya sea sobre la bici o sacando el trimestre) pero es que Bernal llevaba todo el Giro con una suficiencia que resulta noticiable el asunto. Más aún, pena tanto que se queda a rebufo de su gregario y éste lo debe esperar. El gregario se llama Daniel Felipe Martínez, es colombiano, y tiene rostro y expresión para no decirle nada cuando te pida dinero y otra ronda (lo que no es culpa suya, ojo, igual que no era culpa de Gert-Jan Theunisse mirar como quien prefiere que no excaves en su jardín). La imagen, decíamos, es llamativa, porque Martínez desgañitose *molto*, soltando manos del manillar, vamos, Egan, hostias, vamos, agitando puño, venga, que esta noche en el hotel te damos doble ración de macarrones, vamos, sacando de rueda al rosa cada vez que daba dos pedaladas fuertes, pero vamos, coño, que lo tenemos ahí, que no tiene importancia esto. En fin, un poco lo de Altig con Jacques, solo que sin abandono previo en la Vuelta (así, por putadilla) y sin ostras para celebrarlo.

Por delante, más cosas raras. Yates, que resucita de nuevo. Yates en las Grandes resucita más veces que Jean Grey. Tipo lagunar, como poco. Con esa expresión de «mira, si es que hago lo que quiero cuando quiero», con ese gesto de «¿vamos a dar un paseín?». Digamos que Yates (cuerpo pequeño, delgaduco, media sonrisa) sería el amigo crápula que se planta en un concierto indie «porque algo hay que hacer», pero luego luce las camisetas neohippies ajustadas mejor que nadie. Más o menos. No ganó parcial, porque en este Giro solo ganaban los escapados (en Sega di Ala fue Daniel Martin, a Stradella Bettiol llegó veintitrés minutazos antes que el paquete. valga la redundancia), pero parecía inmensamente fuerte, inmensamente *confiao*, inmensamente seguro de que iba a voltear la situación.

En realidad, aquel fue día decisivo. Más por cómo se quedaba gente pegada al asfalto que por otra cosa. A ratos parecía que hubiese francotiradores subidos en esas coníferas tan chulas que ponen por Trento. Carthy... presa. Bardet... presa. Vlásov... plato. Jornada a la antigua (salvo por distancia, claro), con gregarios apareciendo desde la nada (véase Pello Bilbao), tipos que venían tarareando esa musiquita de *La dimensión desconocida* y el segundo en la general tirando del primero porque tiene más miedo al tercero que ganas de ser primero por encima del primero...

El segundo era Damiano Caruso, y, quizá para resarcirse, protagonizó la gran etapa del Giro, final en Alpe Motta. Un día antes llegaron a Alpe di Mera (hay un montón de Alpes... yo conozco Alpe d´Huez, Deux Alpes, Alpe Segletta... cosas así) y la situación mimetiza... Yates por delante, Egan controlando. Así que espero tensión en el gran *tappone* (una vez que nos cepillamos ese otro *tappone*). Y dio de sí... a la manera bizarra y anómala que ha tenido este año el Giro, pero dio de sí.

Porque se atacó bajando (bajando San Bernardino, que es poco nombre para tanto *col*), y además atacó un equipo, y era el equipo de Bardet, porque Bardet desciende fenomenal, y es inconformista, y a mí me cae de la hostia, aunque sus mejores años parezcan cosa de antes. Atacó el equipo de Bardet, digo, y le siguió el equipo de Caruso, y hasta el mismo Caruso, dispuesto a dar el do de pecho, que es lo que se espera de un Caruso. De ahí a meta... depredadores, gacelillas. Pello Bilbao vuelve a transitar por la quinta dimensión, Damiano pega pedaladas como para volverse loco, hay mucha gente sin barbijo[13] gritando cerca de ciclistas, Ineos tiene todo controlado pero con emoción moderada. Al final los corredores caen como si fueran ciruelas claudias en agosto, y entran de uno en uno, que es como se entra en etapas grandes. No son diferencias de Orcières-Merlette, pero la cosa tuvo su encanto. Ah, Bernal exhibe fuerzas. Y tranquilidad, sobre todo la tranquilidad, sin rumiarse meninges con jindamas durante las casi dos horas que duró esta ofensiva. Y eso también es seña de campeón.

Nada más. Bueno, sí, la crono. Para Filippo Ganna. Egan mantiene puesto sin problemas, Caruso mantiene puesto sin

[13] ¿Recuerdan los barbijos? Buenas comisiones se trincaron, a barbijos.

problemas, Yates mantiene puesto sin problemas y se para a pedir fuego en un cruce. El colombiano será, de esta forma, segundo de su país que gana el Giro, y primero en sumar éxitos por Francia e Italia. Albricias para alguien a quien muchos amortizaron hace meses, sin cumplir veinticuatro, porque a él le duele la espalda, y el mundo está loco y en general todos tenemos la paciencia regular y 2020 anduvo como anduvo. Pero ahí queda, su palmarés. El resto se marchará como lágrimas en la lluvia. Si es que llueve, oigan.

Seguro que en el Pordoi hace un sol precioso esta tarde...

## LOLAILOS, ACTORES PORNO Y UN COMPRESOR: EMPIEZA EL GIRO DE ITALIA 2022

10/05/2022, *El Confidencial*

Que se nos viene el Giro, colegas. Ay, el Giro. Lo estético que es el Giro. Lo que me gusta a mí el Giro. Si hasta escribí una obra, sobre el Giro (buenísima, cómprenla). El Giro, qué tendrá el Giro. Es cuando llega la primavera, es montañas, nieve, flores, es helados sobre la bici (al menos antes, cuando lo de el consumo calórico estaba menos *estudiao*), es jornadas a veinte por hora y puertos imposibles de ascender, es Mussolini boca abajo (a ver, esto no, pero siempre está bien recordar a Mussolini boca abajo). Todo ello, y más.

Precisamente una de las cosas que lo molan todo del Giro es que al Duce le daba bastante asco. Que qué deporte es ese donde el mejor viste de rosa. Ma-ri-co-nes, oiga, y en nuestra Italia no queremos maricones. Pues mira, te fastidias y tragas, Benito, que el Giro sigue, y del Giro nacieron leyendas. Empieza este año la *Corsa* en Hungría, por cierto, que con un poco de suerte también les joderá bastante a sus gobernantes lo de la *maglia* color rosáceo. En fin, hay que recaudar, que triste es pedir, pero más triste es etcétera. Ay. Tres días por Centroeuropa, con llegada escénica a Budapest, tomas muy chulas desde el helicóptero, libertades pelín cortadas y, en general, ambiente chungo. Menos mal que luego se vuelve a la Bota, que es catolicísima, vale, pero también tiene puntito de frívola decadencia[14] que agrada a todos, ¿no?

---

[14] Vease la entrada «Sorrentino, Paolo».

Porque el Giro tiene ese *llenesecuá*. De fiesta elegante, pero... su poco de extravagancia. Controlada, sin pasarnos, solo un tono más de color en los pantalones, un dedo más de tamaño en las gafas de sol, un pañuelo anudado aquí, y un cigarrillo colgando indolente allá. El Giro es Jep Gambardella en aquellas *soirées* romanas donde había más nieve que por el Stelvio... El Tour es rascacielos de Manhattan, para hacer negocios gordísimos. ¿Y la Vuelta? Pues el chiringuito de Suances, que muy bien, y muy majos, pero las sardinas acaban repitiéndote. El equilibro entre estética mamarracha, autocomplacencia y espectáculo deportivo que regala la *Corsa Rosa* es (casi) nunca igualable.

Y eso que este año de recorrido andamos justos. A ver, justos en plan Giro, que ya lo quería yo esto para la Vuelta de 1996. Qué horror, la Vuelta de 2007, macho (sí, las fechas no coinciden, pero porque podríamos haber puesto tantos años al azar que... sigan, sigan). En fin, a lo que íbamos, que libro de ruta flojeras. No el *Garibaldi* en sí, que para esto los italianos también rayan a nivel putísimos jefes, sino el contenido. Equilibraduco, eso sí. Equlibradísimo. Tanto como Miguel Ángel López, para entendernos. Veintinueve kilómetros contra el crono. No, no una crono de veintinueve kilómetros para empezar... veintinueve totales. Segundo día, en Budapest, nueve. Prólogo, uno de esos que ganaba Thierry Marie. Luego veinte, jornada última, Verona. Ya ven, guiño a los *cróners*. Que aquí acuda Dumoulin solo se explica por... bueno, es que yo a Dumoulin no le entiendo una mierda, para qué engañarnos. Pero no adelantemos.

Y, bueno, frente a este aluvión de lucha en solitario (por supuesto que estoy siendo sarcástico, Marge), tenemos la montaña. La montaña, que tampoco lleva traje típico. No, no. Sí en nombres, no en... ideas. Trasfondo. El Giro siempre fue prueba de ir calentando poco a poco, dos semanas de Cipollini y Petacchi midiéndose los trenos (pensaban que iba a poner otra cosa, ¿eh?), llegadas en Montevergine los domingos (en el Montevergine que toque, Italia está llena de Montevergines) y luego *tappones* como para ir gateando a Milán (este año acaban en Verona, cosa realmente estética... ¿les he hablado sobre el buen gusto del Giro?). Tradiciones, tradiciones.

Pues ni eso. Porque hay jarana desde el principio. Etna, recién devueltos a Italia. Etna, que es una cosa súper gorda, por mucho que llevemos lustros viendo por allí subidas al ritmo de Pruden Induráin y ataques en las vallas, queda mucho aún, no podemos cansarnos, me dolía la parte superior de la oreja derecha. Luego un poco de media montañita, llegada a Nápoles (se ha licuado hace poco la sangre de San Genaro, así que lo mismo gana Valverde, ataque de lejos perfectamente *planeao* en el hotel con sus directores), alguna volata. Y Blockhaus. Ojo, Blockhaus doble, que primero llegan hasta Lanciano y después tiran un poco más arriba. No alcanzan los 2000 metros (es posible) pero duro de sobra como para limpiarnos a los cron... espera, qué *cróners*. Bueno, ya me entienden. Para limpiarnos. Línea Gustav, nada menos. Y donde Tarangu cepilló el capazo a Merckx. Ese día les cuento alguna historieta...

Después sesteo hasta Aosta (si dices «sesteo hasta Aosta» en voz alta pareces un pijo de esos de los tiktoks). Sesteo, decíamos, si no hay ningún abanico, o ninguna caída, o si no salta un mapache americano escapado del Barnum en mitad del pelotón y algún favorito se lo calce, y debe abandonar y volverse a su casa de Murgia. Seguro que saben por dónde voy. Que no pase, que no pase. Y eso, que en Aosta tres puertos gordísimos. No son los más gruesos del Valle (ese San Marco... ay, ese San Marco), pero dan para hacer diferencias. A estas alturas ya anda Kelderman perdiendo un poquito cada día, ya saben.

Después... apocalipsis, que también es algo muy transalpino. Mortirolo, Aprica y Valico de Santa Cristina. Que yo escucho eso y se me ponen los pelos como escarpias, mira, mira, no puedo más, qué locurón. Suben también Crocedomini antes, pero palidece (y mira que es cosa gorda). Etapa *top*, para atacar desde lejos y joder a ese ruso jovenzuelo, dios, cómo lo odio, seguro que gana cinco o seis Tours. Luego Trentino, Eslovenia, Trentino otra vez. ¿De no perderse? Pues Kolovrat (pena que no estén aquí Roglič y Pogačar para subir sacando chispas en las curvas) y el último sábado. San Pellegrino (desde Agordo, que son veintitantos kilómetros para arriba, y con un final para no mirar la pantallita, que es deprimente, se lo digo yo), Pordoi, Passo Fedaia. Passo Fedaia. El puerto más duro del Giro (uno de los más duros en el ciclismo pro) es el último de toda la carrera. No sé, a mí no me acaba de cuadrar demasiado (pudiendo bajar y subir otra vez Pordoi), pero qué sabré yo, si soy un radical, y solo critico, y nunca he hecho doscientos kilómetros bajo la lluvia, y fans entregados de todo pelaje me ponen verde luego en redes, esto es el ciclismo que nos gusta, Marcos Pereda, buuu, fuera, ojalá te expulsen del mundo, tú antes molabas, *prigao*...

Ah, eso. Que final. Paseo con cabra por Verona, meta. Aplausos, negronis y sonrisas. Repetimos negronis, por favor...

¿Participantes? A ver, cómo explicárselo... ¿Recuerdan ustedes cuando miraban la *startlist* de una Gran Vuelta, y había un Induráin, o un Hinault, y luego un montón de tipos que decías «mira, este lo hará bien en alguna etapa, venderá a su madre por un plato de habichuelas en otra y perderá hasta primogenitura en la de más allá?». Pues lo mismo, solo que sin Induráin. Y sin Hinault. Vamos, que únicamente escopetas de feria averiadas, para entendernos.

(Y Carapaz, que es fiable. Pero me jodía el chiste).

Richard al margen (tan regular que tampoco merece más comentario), pareciera que quien tiene más opciones es Mikel Landa. Tranquilo, buena escuadra, preparación perfecta, recorrido favorable. La duda es, por tanto, qué le pasará a Mikel para no ganar el Giro. ¿Ataque de marmota en Cogne? ¿Traición de Pello Bilbao estilo Sappada? ¿Abducción por unos extraterrestres que quieren aislar el gen del carisma? Excluido covid (ya no hay covid en las carreras, amigos... resfriados, gripes, bronquitis, virus desconocidos y embarazos sí, pero covid no nos queda, *ninio*, solo *masibon*) es todo un desafío pergeñar final infeliz para Landa en esta *Corsa*. Si ganara (no... cuando gane) yo me alegraría mucho por el alavés, se lo prometo... Pero también tendré sensación de horterada suprema, mancha en su historial, una línea desagradable en palmarés sin mácula. Giros de Italia ganaron hasta los Ryder Hesjedal que pasaban por allí, pero mantener sublime majestuosidad de cagarla cada vez más estrambóticamente... joder, eso te mete de lleno en el Valhalla...

Hay otros nombres. Está Miguel Ángel López, el tío cuyas carreras tienen dos rombos. Se te hace difícil imaginarlo de rosa, pero espectáculo... seguro. Una etapa, un pódium, un feudo con el Undertaker para Summerslam, el Premio Planeta de novela... Yo de López me creo todo. También está por ahí Simon Yates. Simon Yates, con esas pintas de chuloputas, con ese aire de «van *pacá*, que te cuento lo de Finestre», con esa facilidad, esa carita de sufrir regu, ese maillot desabrochado mostrando pechamen (pechamen magro y paliducho, tampoco vamos a pasarnos). Es tan bueno que uno puede esperarlo todo. Pero también es tan Simon que en cualquier subida chica empezará a hacer ruidos como la motuca que tenía su abuelo, esa que asomaba gomaespuma en el asiento y sirvió para desvirgar a varias generaciones de la familia. No apuesten por Yates, amigos. No apuesten, así, en general, porque las apuestas son una mierda, y esta es la única línea seria de todo el artículo.

Más. Cuando Alejandro Valverde pasó a profesionales el Giro de Italia tuvo un pódium con Paolo Savoldelli, Tyler Hamilton y Pietro Caucchioli. Aquel año trincaron etapa Cipollini, Juan Carlos Domínguez, Julio Alberto Pérez Cuapio (te echamos de menos, Julio Alberto) y Aitor González en versión flaca. Vamos, que hace mucho. Valverde solo fue al Giro una vez. Año 2016. Participación lolaila, con momentos de auténtico chiste (como cuando Nibali le birló bonificación por no saber cuántos entraron delante... «*¿doh nah mah?*», fue pregunta tras meta) y otros en los que pudo hasta pillar rosa (esos compañeros pasando de charla por la cima del Agnello, ay). Tampoco le puedes pedir mucho a Valverde, que corre el Giro con la edad de tu tío Miguelángel, el divorciado canallita. Etapa y un tiempo con la *maglia* sería despedida guay.

También llega para homenajeos y masajes Vincenzo Nibali. Que no tiene tanto dni como Valverde (debuta en 2005... Savoldelli, Simoni y Rujano... te echamos de menos, José Rujano), pero también gasta lo suyo. Por aspiraciones... como Valverde, aunque vaya usted a saber.

En condiciones normales los líderes que mejor andan contra el crono son Almeida, Kelderman y Dumoulin. Ocurre que los tres me dan las mismas garantías que Belén Esteban en Pasalapabra.

Almeida es un sufridor, pero es que sufre tanto porque se queda muy pronto, así que... Mucha evolución necesitaría para dominar esto. Kelderman posee problemas para tomar iniciativas. O eso me han contado, porque nunca sale demasiado por la tele. Junto a sus compañeros Buchmann y Hindley (que se pone todas las noches en el ordenador la etapa de Cancano, Giro 2020, sin creérselo del todo) son favoritos a los puestos quinto, sexto y séptimo de la general, al premio por equipos, a Miss Simpatía y a mejor traje regional, un fuerte aplauso, te llevas el juego del programa[15]. Dumoulin... pues oigan, a saber. Clase le sobra, pero parece andar a otros asuntos. Lo mismo hace buen prólogo y buen Etna, se va animando, controla pérdidas... Pero me sorprendería un montón.

Entre las aportaciones folclóricas (esto en el Giro luce un huevo) está la plantilla de Vaughters, con Magnus Cort Nielsen en la tierra de Rocco Siffredi (quien recientemente anunció su entrada en política... luego anunciará su salida, porque es a lo que se ha dedicado este hombre siempre) y Mario Cipollini (que, oye, la bici mola, pero siempre quiso ser actor porno). También traen a Hugh Carthy, poniendo caras de estar al borde de la muerte en sitios como el Mortirolo, el Pordoi o entrevistas y ruedas de prensa. O Guillaume Martin, que hará entre los diez primeros a golpe de Nietzsche (y de entrenamiento, leer a Nietzsche no te garantiza nada sobre la bici, se lo digo yo). Ah, durante el Giro aparece la traducción al castellano de su nuevo libro (de Guillaume, no de Nietzsche, que lleva un montón criando malvas), así que protagonismo doble. Igualmente gasta cierto aire «camisa de Los Manolos, nainonainonaaaa» Mark Cavendish, solo que resucitó hace doce meses, y ya no hace tanta gracia como cuando estaba gordaco, con pelos en las piernas y llegaba siempre rojísimo... Y Van der Poel, numerito los primeros días (y ojo como arrastre a alguno de los dorsales «uno», que esta peli ya la vi yo). O Biniam Girmay, debuta en Grande, busca límites. Hasta Romain Bardet, favorito para días sueltos, para montaña

[15] *Clavao* con Hindley, tú...

y a saber si para algo más, que llevaba progresión chulísima en el Tour de los Alpes. Y, por supuesto, esos equipos invitados, que siempre tienen una nutrida representación de bandolerismo, apuñalaespaldas, asaltadores de conventos y patronos que llevan mal la soltería. Hagan memoria...

Y eso, amigos, que disfruten. Se pilla el Giro con ganas, para qué negarlo, porque tiene ingredientes de sobra. En lo deportivo, en lo estético. También, claro, por la vertiente cuchufletesca, que es la que más nos mola aquí.

Esperamos heroicidades, bochornos y el anuncio del compresor. Y les daremos buena cuenta.

## AGONÍA, ÉXTASIS, RESACA: UN GIRO DE ITALIA CON DISFRAZ DE FIESTA

22/05/2022, *El Confidencial*

A veces el Giro de Italia es como la vida misma. Lunes a viernes aburriéndote, dejando pasar jornadas de la forma más funcionarial. Haces tu trabajo lo mejor que puedes (tu trabajo... no sé, sacar nóminas, manejar un torno, pintar monigotes con palabras), a veces maquillas el asunto porque metes dos esdrújulas en una frase o te sale viento de cola. En fin, para morirse, esos rollos que tiras con ellos por pura costumbre, porque si te paras a pensarlo... Mejor no.

Luego, el sábado... joder, el sábado la quemas. Pero la quemas en serio, la quemas de forma espectacular, la quemas como si tuvieses veintes en vez de calzar quinta de Valverde. Oh, sí. Fuegos de artificio, esa agradable sensación de que, coño, mereció el esfuerzo, fue larga espera pero moló este ratuco. Igual no ocurre nada serio (porque ella tiene novio, porque te echaron aguarrás en los chupitos, porque tu idea para forrarte luce ridícula a las doce del día siguiente) pero quedan remembranzas de batallas viejunas, salvajes, divertidísimas. Hasta la extenuación, y un poco más allá. Porque en el Giro, como en la vida, también los domingos son horas muertas para penar entre recuerdos, pensar en oportunidades "que no" y confiar en que ese whatsapp mandado a las seis de la mañana lo interpreten a modo de broma, jijí, jajá. Ay, los domingos.

En fin.

Así que vayamos por orden. Sufrimiento, éxtasis, bajona. Las etapas llanas. Algunas llanas-llanas, otras de esas que llaman llanas-con-cotas, las de más allá tipo ojo-cuidao-con-el-viento. Vamos, que sestear y esprint. A veces es útil huir de los números (siempre es útil huir de los números si usted aspira a convertirse en escritor, que es cénit de la civilización, ejem), porque, de lo contrario, podemos quedar atrapados entre sus zarpas. Como en el Giro. ¿Velocidad? Pues, miren, sí... ¿Desgaste? Cero. Nada. *Niet.* Las frías medias (título de peli porno) nos cuentan lo contrario, pero es que si juntas algo de aire con un pelotón fresquísimo te salen las cosas.

Con todo, detallitos. Pero es que detallitos también tiene usted con su prima la del pueblo, y a la *Corsa Rosa* se le pide algo más que una llamada el 31 de diciembre, qué tal todos, ¿hace frío?, no, aún no he empezado a beber. Destaca lo de Girmay, oigan. Biniam Girmay, que tiene nombre acojonante (llevábamos un Giro bastante bajo en esto de los nombres, después del 2021 de Remco Evenpoel o Attila Valter) y ganó en Iesi. Patria chica de Federico II Hohenstaufen, colegas. Girmay también parece un poco *stupor mundi,* para qué engañarnos, porque hizo sentarse al mismísimo Mathieu Van der Poel en un esprint larguísimo, agónico, de esos donde las bicis se mueven que da miedo verlas. Espectáculo. Primera victoria de un eritreo en el Giro, primera victoria de un africano negro en las tres Grandes. Marcas, marcas (Iesi está en las Marcas, así que todo muy logrado). Como no hay hecho histórico sin su disparate subsiguiente aquellas pedaladas fueron las últimas de Girmay en la prueba. Que se hizo daño. Con el corcho del champán. Como lo oyen. La verdad es que salió aquello a velocidad como para chapuza gorda, pocas risas. Hay partidos políticos que ya alertan sobre los peligros de esos tapones, y sobre el incremento de la inseguridad por culpa de esos tapones, y sobre la idoneidad de no permitir la entrada de tapones al país, porque nunca hubo nadie con problemas provocados por el corcho del vino español (por el vino sí, por el vino muchos). El debate está en la calle, permanezcan atentos a su opinador canallita de cabecera, ese que no es ni de derechas ni de... bueno, en fin, ya saben.

Eso, que Girmay retirado y casi tuerto (esto hace gracia porque no pasó nada grave, aclaramos), y un atractivo que se marcha. No sobraban, ¿eh? Esprints, escapaditas, y ya. Dainese, Oldani (bien resuelta su fuga), Démare. Qué ritmo, qué trenos, qué números, qué bostecera. No hagan caso. Semana de recuperación, que aquí nadie se chupa el dedo y nos conocemos todos.

Así que... tercer fin de semana y Giro a estrenar, como el rodillo que se compró usted después del confinamiento, por si acaso. Los favoritos en segundos, López sigue líder. López no es MAL (ejem), sino Juanpe. Aquí ya advertimos hace unos días que esa «n» antes de «p» nos provoca cierto rechazo, no pocas dudas e incluso ganas de revisitar el Tour 2004, pero es que la cosa se ha ido de madre y hasta la Real Academia de la Lengua dijo que lo correcto era «Juampe», que nada de «Juanpe», y que si alguien tenía problemas con eso podían batirse en duelo al amanecer, playa de Cartagena, la hombría como arma principal (sospecho qué académico hizo este dictamen, pero omitiré su nombre por pudor). Bueno, que el mozo López lo llevaba bastante bien, y se presentó camino de Turín en su décimo día de líder, y no ganará el Giro (eso ya lo sabía antes de empezar), pero ningún otro ciclista va a sumar más *maglias* rosas que él en este 2022. No es poco premio, ¿eh? Minutos en teles, artículos muy leídos en prensa y una intervención de la Real Academia. Hay periodistas que se jubilan sin ninguna de las tres cosas.

Fue, decíamos, hasta Turín. Porque es también esto el Giro... un *crescendo* bien lentuco que acaba en despiporre los últimos días. A Turín, por si fuese poco, se llegaba en sábado, y los italianos son los putos reyes de los sábados, como sabe cualquiera que frecuente costa en agosto. Así que eso, recorrido rompepiernas, subidas con rampones y la banda sonora de *La grande bellezza* sonando fuerte (la banda sonora de *La grande bellezza* es una de las cosas más mamarrachas e imperdibles que hay en este mundo nuestro). Ciclistas con ganas, poniéndose sus americanas tonos pastel, sacando el pañuelo un poco de los bolsillos, guardando en la cartera un profiláctico más, por si acaso. Y, bum... espectáculo. Por la parte menos esperable, además, que todo empezó con un movimiento ambicioso de Bora, y no suele ser Bora equipo dado a locuras (más allá de hacer anuncios de sus productos que harían llorar a Karlos Arguiñano).

Setenta a meta y Kelderman rompe todo. También llamativo, porque Kelderman estaba más o menos bien en la general (escapada mediante), y tampoco ha sido nunca Claudio Chiapucci. Pero, en fin, que eso. Curiosamente los cincuenta paisanos que tenían las mismas fuerzas durante dos semanas desaparecieron en cuanto hubo velocidad seria. Despejamos, al fin, ciertos equilibrios frágiles. A Valverde le llega una avería en el peor momento (con 42 años, quiero decir), y queda lejísimos. El resto... esperado. Hay planes de pensiones con patas (Pozzovivo, Nibali que asusta), Hindley saliendo a todo con suficiencia (lo que deja a Tao como clarísimo ganador potencial de este Giro), Almeida muriéndose en cada repecho (yo sigo diciendo que una cosa es ser sufridor, como Escartín, y otra muy distinta es sufrir todo el rato en montaña, como Abraham), Landa sudando a mares, Simon Yates mirando las vistas, sonriendo en selfies con admiradoras y preguntando si el hotel tiene piscina, que llega julio y hay que pillar bronce. Qué tío, Simon, menudo ídolazo.

Eso, leña desde lejos, ritmo de verdad (no como el ritmo de-mo-nia-co de días anteriores) y los buenos mirándose ojillos de tú a tú. Ataque de Carapaz. Treinta a meta, redondeando, etapa que no es la más dura de esta edición. Vamos, que el tío quiere repetir lo de Courmayer, porque salió aquello fenómeno, ¿eh, Richi?, pero guay, guay. ¿Conclusiones? No sé... por un lado es quién más expuso, y abrió hueco en nada, y tiene cabeza granítica como el pedernal. Aunque por otro... en fin, lo acabaron cogiendo tres ciclistas, y gastó bastante sin premio, y ese era demarraje para hacer distancias. Carapaz se vistió de rosa en Turín, lo que siempre es bueno, pero no tengo yo muy claro el sabor de boca que llevó a la cena...

Con él llegaron Hindley (que a ratos parecía el más fuerte), Nibali (que a ratos parecía el más fuerte y... qué coño, es Nibali, dale tú opciones a Nibali, déjale ver una debilidad tuya a Nibali) y Simon Yates, quien apretó para llegar pronto a la habitación y no perderse su programa preferido de la tele (ese de las hamburguesas locas de grandes[16]). Ya puestos, ganó etapa. Ganó etapa con mismo rostro, misma gestualidad en el pedaleo y parecidas celebraciones que cuando perdió setenta y tres minutos en el Blockhaus. Le tienes que querer, coño, es que le tienes que querer. A unos pocos segundos Pozzovivo (haciendo llorar a todos aquellos que alguna vez pagaron un estudio biomecánico) junto con nuestro Almeida sufriente y doliente. Luego Landa y Pello Bilbao, porque a los mocetones del norte esto del calentamiento global nos está viniendo malísimo para rendir adecuadamente. Luego Juanpe, que leyó una pintada de «Vamos Juampe», se bajó de la bici para corregir y ya no pudo pillarlos. También tiró la bolsa del avituallamiento con su puntito de mala hostia, vaya usted a saber razón, pero este tipo de reacciones sulfurosísimas son de agradecer por estas líneas (siempre que no supongan peligro para nadie más allá del *airao*). Tiene algo *voeckleriano*, Juanpe. En fin, gran Giro el suyo, ahora a remar buscando *top ten*.

Jornada grande. De las que quitan máscaras y rompen excusas (no hay terreno, estamos todos muy igualados, tenemos que guardar para lo que queda). Los favoritos siguen en pañuelito, sí, pero ciertas gradaciones se descubrieron. Hay tíos que sonríen y otros que se acostaron con gesto *amustiao*, contrito. Gesto muy poco «Italia-sábado-noche».

Y hoy... en fin, a ver... es lógico. Que ya tenemos una edad, que no se recupera como antes, que esto no son las fiestas de su pueblo, que salía usted un miércoles y ya volvía a casa el lunes con camiseta distinta, corte de pelo raro y dos o tres cosas sobre las que reflexionar mucho. Pero eso era antes. Ahora... Vamos, que resaca. Resaca gordísima, de las de dolerte testa, piernas, estómago regular, pocas ganas de extender tus días en el mundo. Y, claro, si eso te toca en pleno Giro... fumadón. Trantrán, ritmillos que no asustarían a Quaranta, el pelotón de charleta, oye, ¿has visto lo de Mbappé[17]?,

[16] Ese sí.

[17] Fíjense la fecha... el fútbol es de matraca larguísima.

qué cosas, tú. El recorrido era bueno y bonito (barato no, que en zona de nieve ya sabes). Valle de Aosta, multitud de subidas, Mont Blanc allí al norte, qué preciosidad todo, qué carreteritas tan cucas, uy, mira, bajadas como para buscar debilidades en quien ya mostró debilidades (ejem, João Pedro, ejem). Pero nah, día de recuperación, descanso activo, beber muchos líquidos, comer casi por obligación, tumbadito en el sofá.

Hay escapada de lejos. Sospechosos habituales (Van der Poel debe tener prima por kilómetros tirando), Pedrero (que lleva las gafas puestas de una forma rarísima, y aún no sé si me parece ridículo o genial), Hugh Carthy haciendo muecas, Buitrago preparando terreno para Landa (mejor tira a ver si cae etapuca, no vaya a ser que...), Arensman para reconducir... En fin, historietas, porque cualquier fuga de muchos esconde relatos breves como para ventilar libros de Monterroso. Ah, también va Ciccone, que arrancó con fuerza nada más empezar Cogne (primeros kilómetros duros, finales tendidos) y lo amarró desde el principio. Que metiera tiempo al pelotón durante toda la subida nos cuenta a la perfección cómo de serio, intenso y batallador fue entre los mejores. Pelín bochorno, por definirlo suave. Así que eso, dicho fue, todo igual, última semana con varios paisanos ante oportunidad única, Landa ilusionando a quienes gustan de ilusionarse, Carapaz favorito y Vincenzo Nibali para hacer un Gimondi-1976...

Qué malas son las resacas, amigos.

## EL PÓDIUM MÁS PROVOCADOR: BUITRAGO GANA Y MIKEL SE METE ENTRE LOS TRES MEJORES

25/05/2022, *El Confidencial*

Vivir en Ponte di Lengo debe ser cansadísimo.

Tú te despiertas en tu pisuco de Ponte di Legno, subes las persianas, hace sol, joer, qué suerte, aprovecho y salgo un rato con la bici. El maillot, el coulotte, el casco, las zapas... A ver, ¿para dónde tiro? Ummm. Norte, Passo di Gavia. ¿Zona oeste? Mortirolo. Al sur queda Val d´Avio, para el amanecer Passo Tonale. Vamos, que coñazo. Eso sí, sacas pierna...

El Giro de Italia decidió poner rumbo al este, porque ir al Gavia así, a palo seco, como que no. Y eso, Tonale. Luego bajando todo el Val di Non, desde Ponte Mostizzolo hasta casi Trento, manzanos cubiertos de flores pálidas, castillos, estampas bucólicas, y la impresión de que, joder, esta peña lo tiene muy bien *montao*. Y después... más puertos. Passo del Vetriolo, luego Menador, que también vuelve la mirada si le dicen Monterovere o Kaiserjäggerstrasse, nombre acojonante con sabor a chupitos y malas decisiones. Sí, amigos, estamos en esta zona de Italia donde las cosas tienen toponimia en varias lenguas, porque la historia va de capricho en capricho, y a mí estos asuntos me encantan, oye. El Kaiserjäggerstrasse, por seguir con las bicis, es pepino curiosete, ocho kilómetros al diez, tramo largo superando el doce. Vamos, que pupita a nada que se busque hacer pupita. De allí a meta hay ocho kilómetros cresteantes y bajando un poco, tramos de esos que se hacen rampas al veinte si te has *quedao* y andas con las patucas regular. Vamos, terreno. Y ganas. Al menos debería haberlas, que se acerca el final del Giro y alguno se pira para su pueblo sin saber lo que pudo haber sido y no fue.

Salen todos pensando en lo de Aprica, también les digo, porque una etapa así deja secuelas. En gemelos, muslos y mentes (el orden puede ser distinto dependiendo de cada cual). Por mucho que nos fumásemos el tema a ratos. Secuelas. Pero...

Sí, oh, sí.

Hoy hemos visto el momento de este Giro de Italia. El que decía Cartier-Bresson (que hizo muchas fotos a bicis), el que escogió mejor que nadie otro Roger de Vlaeminck. Antes no existía y... fiu, ahora está. Todo cambia.

Lo veremos más abajo.

Por de pronto... clásica escapada. Que menudo nivel en este Giro, con las escapadas. Anima mucho el cotarro Van der Poel, no vamos a negar evidencias. El tío entra a cualquier pelea como su colega el pequeñajo, ese que llegaba todos los sábados a casa con adrenalina por las nubes y muchas historias por contar. Pues lo mismo, pero en grande. Y mira que no debería ser este su terreno, precisamente por grande. Bueno, que no lo es, pero anda Mathieu como para que alguien le diga nada sobre guardar fuerzas y zarandajas que hacen llorar a Claudio Chiapucci.

Así que... escapada. Un montón de tíos, también Van der Poel. Llueve, está la carretera brillante (bajan Tonale hasta Cles, puerto suficientemente serio como para que lo hubiesen puntuado, pero, en fin, yo ya ni me voy a enfadar porque me tomo estos asuntos a broma), todos tiritan un poco. Terrenuco para escarcear, para escarcear de narices. Solo que no. O que igual sí, pero no. Porque aquí entró en escena otro de los grandes protagonistas de la etapa. Y de la *Corsa Rosa*.

El realizador.

El realizador del Giro estudió Arte y Ensayo en La Sorbona, con Goddard. Entre sus aficiones preferidas cita las elipsis, las novelas de Robbe Grillet y no ver mucho al tiburón en la peli *Tiburón*. Vamos, que gusta del suspense. Y la mejor manera de generar suspense es no descubrir la no tan hermosa realidad (por eso usted es más atractivo por el Insta que en persona, alguien tenía que decírselo). Así que el realizador, a quien llamaremos a partir de ahora *Truffaut de chichinabo* (adoro a Truffaut, ojo, me juego mucho con la comparativa), decide hurtar imágenes del gran grupo. En fin, si los de delante van delante será porque ellos importan, ¿no?, pregunta, con positivista carga de razón. Así que empezamos a verlos casi al cerrar el segundo puertazo. Hasta entonces... *shows*.

Van der Poel, especialmente. Que sube ese corpachón que tiene como sin esfuerzo. Bueno, a ver, sufre, pero rema. Igual está picado con van Aert por lo del Mont Ventoux, y esta mañana le mando un *whatsapp*, Wout, colega, no te pierdas hoy el asunto, *emoji*, *emoji*, *emoji* (los *millenials* usan muchos *emojis*). Está también en el grupo Jan Hirt (llega a coquetear con bidón, gran año de su escuadra), Hugh Carthy (no va de rosa pero está rosa... convalida), Mauri Vansevenant, Guillaume Martin (que saca hoy libro y debía hacer promo), Santiago Buitrago o Gijs Leemreize, nombre acojonante para chaval con futuro. Y, oye, suben Vetriolo a hostia limpia, que menudo puerto guapo, este del Vetriolo (Menador, el último, es aún más espectacular... qué ganas de ir con la bici, meterla al coche, sacar una foto en cima y bajar a un restaurante). Dureza y estética. También algo de drama, porque había niebla misteriosa (quizá concesión comercial de nuestro *Truffaut de chichinabo*, quizá el humo que nos habíamos *montao* todos con ataques de lejos), y el asunto va guay en ese sentido.

Bajando algunos sustos, algunos escarceos, y todo queda para el final, como en las novelas malas. Pero, ojo... está tirando el equipo de Mikel. Están tirando Pello Bilbao y Wout Poels. Wout Poels encuentra a veces patucas de quintuple ganador en París, y tenía hoy el día tonto, y cuando tiene el día tonto... pues daño. A Almeida, por ejemplo. Que el portugués no contaba para la victoria final lo dije aquí hace unos días (también dije que ojito con Nibali, así que tablas), pero es que cuando te descuelgas tantas veces y tan lejos... Eso sí, incógnitas, porque el *Truffaut de chichinabo* no nos dejaba saber diferencias, segundos, minutos, ni una imagen. Te dicen que

Almeida subió Menador montado en el Halcón Milenario y, en fin... parece difícil de creer, pero no puedo negártelo.

Y entonces, después de todo esto, después de que Poels muestre esas piernecitas de alambre que tiene... pam.

Ataca Mikel Landa.

A ver, vamos a ser sinceros... Mikel Landa lleva todo el Giro que tú lo ves atacar y parecen unos *higlights* a cámara lenta (también es verdad que de Hindley buscas eso y es un *not found*). A estas alturas de la peli creo que podemos decir, sin miedo a que nos tachen de críticos, que Mikel Landa tiene menos aceleración que un tractor subiendo Alisas. Pero... de una forma u otra... está. Y prueba. Y, oye, esta etapa se cepilló al Olano portugués, mañana será otro día (mañana no, que es llano, y aquí solo hay que librarse). Lo de hoy fue aceleración sin reprís (o reprís sin aceleración), vale, pero manteniendo un rato. Y sucedió lo de Santa Cristina. Que se fueron los tres más fuertes.

Y ahí... pues cada uno a lo suyo. Hindley perdió un Giro por no probar, y va a por el récord. O su lenguaje sobre la bicicleta es más elegante que el de Oscar Wilde, o es un cagón de cuidado. Y Carapaz anda todo el tiempo soldadito a rueda (salvo el día de Turín, ojo, y aquel fue el ataque más serio de toda la *Corsa*), y cuando pasa al relevo pone caras de estar muriéndose, y de no poder con sus mismísimos antebrazos. Y entonces, quizá por todo eso, sucedió.

El momento preciso.

La imagen más trascendental desde que salimos de Hungría.

Algo que debería cambiar, en una u otra dirección, el rumbo que tome esta carrera.

Mikel Landa bostezó.

*Oh, yeah*, Mikel Landa bostezó. O pareció que bostezaba. A ver, no es algo tan raro, yo bostezo mucho andando en bici por un problema respiratorio, y a los que salen conmigo les jode cantidad, mira el cabrón este, se queda clavado en Quijás y luego nos bosteza en el morruco. En fin.

Solo que no.

Que no.

Que Landa no bosteza.

No.

Landa imita a Carapaz.

Repasen, repasen las imágenes.

Richard está tirando, y va muy encogido en la bici, y mueve cantidad los hombros, y la cara es así, como de que te visite el sepulturero. Da pena, el hombre, rematen, que no siga, te rompe el corazón. Pero Landa, vaya usted a saber razones, parece no creérselo. Landa, vaya usted a saber razones, se lo toma a chufla. Landa va a su rueda, niega, le dice algo a Hindley (que no lo entiende, porque lo suyo es hablarle a Hindley en vasco, para confundir su muy *aussie* mente), señala a Richard, luego pasa mirando de reojo, abriendo mucho la boca, constriñendo expresiones faciales hasta la mismísima mueca. Todo mientras adelanta a Carapaz. Después, en cabeza, vuelve al pedaleo sí-pero-no, al mira-qué-poco-sufro...

Sí, amigos... Landa ha vacilado a Carapaz. Que no digo yo que haya sido a mala hostia, ¿eh?, o para mofarse mucho, o con intención de sangre, pero...

Landa ha vacilado a Carapaz. Y, aquí sí, el *Truffaut de chichinabo* estuvo al quite.

Bien, analicemos situación. Mejor dicho, quitemos de en medio a Hindley (que parece tan polémico como un capítulo de *Los osos amorosos*) y quedémonos con los dos que restan. ¿Posibilidades? Un par. Landa va tan sobrado que no le importa chulear a la gente / Carapaz se encabrona y va a por la maglia y a joder. Mira, ambas me ponen tontísimo. Bravo. Eddy bendiga la no corrección.

Ah, en Lavarone gana Santiago Buitrago, compañero de Mikel, porque cuando salen bien las cosas, pues salen bien las cosas. Hindley y Carapaz prueban un de-mo-le-dor ataque a trescientos metros de la última línea, y le suman seis segundos a Landa. Que, ojo, tiene fama de sprínter malo, pero llega por delante de Van der Poel (casi con el mismo tiempo) así que tan malo no será, tan malo no será. Almeida pierde un minuto y se pone (casi) imposible el rosa. Landa, tercero, le saca menos de ese tiempo, y la historia tiende a repetirse (Bardet, Roglič) así que no le debería valer. Richard y Jai están en tres segundos, y nadie descarta que se jueguen el Giro el lunes por la noche, en una partida al *sette e mezzo*. Porque ataques... poquitos.

Hasta que el ecuatoriano vea las imágenes. Entonces... ay, entonces.

A mi señal... Ira y fuego.

Frótense las manos.

## EL GIRO SE DECIDE AL FINAL, FINAL: COVI GANA EN FEDAIA, HINDLEY VA A GANAR EN VERONA

28/05/2022, *El Confidencial*

La Marmolada.

Es que hay sitios que acojonan con solo escucharlos. Marmolada. Mar-mo-la-da, luz de mi vida, fuego de mis etcéteras. Que vale, Fedaia, pero seguro que me entienden. El estilo importa. Tú no puedes escribir gestas en el Monte Milikito, porque eso no se sostiene. En cambio... Marmolada. Joder.

Si alguien quiere hacer alguna cosa solo quedaba lo de hoy, porque quien diga que anda esperando a la crono ya es para retirar licencia. Terreno tiene, eso desde luego. Digamos que no es un tappone dolomítico del copón, pero sí es un tappone dolomítico. Y sale de Belluno, además, por lo que no es descartable encontrar por la ruta tártaros, osos sicilianos (guiño a Nibali), al viento Bóreas y hasta a Héctor y Aquiles pegando mandobles a ritmo de bicis y leyendas. Pero qué bueno es Dino, colegas, no dejen nunca de leerlo...

¿Sí? ¿Ya han decidido cuál de ellos repasar esta noche? Vale, continuamos.

Que Dolomitas, digo. Las montañas más cucas de Europa, cuentan algunos. Yo no lo sé, porque no estuve en cada montaña de Europa (a mí el Dobra me parece insuperable, ¿eh?), pero bellas lo son un rato, con esos naranjas acariciados por el sol, esas agujas, esas paredes que parecen trampantojos del tiempo. Qué delicia. Y ración buena. No una locura, pero bien. De primeras subimos San Pellegrino, que no es de lo más mítico, pero escuece a montones. Desde Agordo tiras para arriba, y hay unos cuantos túneles con sus rampas para asustarte. Los puedes tomar por un ramal paralelo, que no tiene coches y está repleto de botellas vacías y condones *usaus*, y sigue habiendo túneles, y son túneles sin luz artificial, y bastante largos, y escuchas las ratas correteando por el suelo (así, tap, tap, tap), y tú pasas por allí caminando con la bici del ramal y las calas tecleando historias (las calas también hacen tap, tap, tap), y piensas en qué decir si metes el pie en un agujero, o te caes, o te pasa algo, qué le cuentas al tío de la ambulancia, vestido indecorosamente, en mitad de ese sitio tan raro. En fin, no pasó *na*. Hasta arriba son más de veinte kilómetros, con sus rampas sostenidas por la zona de Falcade (el clásico pueblo con setecientas catorce tiendas de esquí y dos mil cuatrocientos restaurantes para comer strudel... ay, el strudel) y su parte criminal a partir del cruce al Passo Valles. Todo muy bonito, vistas chulísimas a las Pale di San Martino (aunque las buenas, buenas, son las de Rolle), y cabañucas que aparecen de vez en cuando como si fueran recuerdos de Heidi. A partir del cruce los pros se acuerdan de otras cosas (ingenieros de caminos y familiares directos), porque aquello torna pesadilla, con cinco kilómetros a más del nueve y rampas loquísimas por el veinte en curvas. Vamos, que cero carcajadas. Luego bajas y subes Pordoi, que para los pros es un puerto de doce kilómetros, pero en realidad llevas desnivel desde antes, y esos doce pues son facilones, no les vendo lo contrario, pero coronas muy arriba, y sumas metros, y hay tornantes, y vete tú a saber si... Digamos que el esquema de la etapa es simpático, divertido, viajero y soñador, como su amigo el simpático, divertido, viajero y soñador, que le dicen todas esas cosas por no llamarle feo... La etapa, dijimos. Puerto duro, puerto fácil, puerto duro. Me cambias el orden del final y para mí sale ganando, pero qué sabré yo...

Y traca final. Entras por Sottoguda, con esas paredes tan altas, con la cascadita, con el río rumoreándote jadeos. Luego... Malga Ciapela. Cada dos o tres años insistía Pavel Tonkov en atacar allí, y cada dos o tres años acababa subiendo a 35 pedaladas por minuto. También enterraron en esa zona a Gianni Bugno, lo que pasa es que Gianni Bugno muerto, a punto de abandonar la bici y con la mirada perdida era más elegante que usted en una boda, así que impacta de otra forma. El puerto más duro de este Giro (seguramente), uno de los más traicioneros en estos asuntos (seguramente). También de los más bellos, pero estaban los corredores como para mirar paisajes...

Últimas balas, pues, últimas batallas. Oportunidad postrera para ganar este puesto, perder aquella posición y no volvernos a casa con temblores de que, hostia, quizá pudimos haber hecho algo más. Mejor no pensemos en las dos primeras semanas, ¿vale?, o en el Valle de Aosta, o en el Etna, o Blockhaus, o, o, o...

Eso, Dolomitas y a loco.

Es lo que tienen los aficionados a este bendito asunto, que poseen moral a prueba de bombas (además de belleza y carisma incontrovertible). Supongo que en otros deportes sea parecido el tema (no sé, enganchar diez empates a cero) pero yo hablo de lo que hablo. Y con placer. De otra forma dejaba todo esto después de Kolovrat, juéguenselo ustedes, que algún influenser de tuiter ponga emoticonos. Pero, oye... siempre acabas creyendo. Qué tendrán las montañas, que potencian la fe...

Escapada. Sorpresón, ¿eh? Escapada de salida. Jijí, jajá. Entran los sospechosos habituales, los que juegan en el Rick's. Mathieu Van der Poel (haciendo series asesinas por Cencenighe), Arensman (que se ha reinventado bastante bien después de hundirse), Ciccone (check), Vansevenant (check), Kämna (check), Alessandro Covi (joven, polivalente, con futuro), Leemreize (que tiene una bonita historia de amor con Mathieu) o Antonio Pedrero (enseñando un poco el maillot, que andaba anónimo), entre otros. Del paquete tira el equipo de Landa, porque, cuentan, a Carapaz lo vino a ver la familia (la familia desgasta muchísimo, aunque no haya cuñaos) y Hindley lleva unos días con problemas intestinales (vamos, cagaleras[18]), así que vaya usted a saber. Yo ya no me fío, pero vaya usted a saber...

San Pellegrino es una cosa bien chula, con su poco de pueblos, y sus pinares, y el arroyo acompañándote un tiempo, y luego pillas el cruce a Valles, y empiezan rampas alucinantes, rampas de las de hacer mucho daño. Ah, hace fresco, a ratos llueve, a ratos sale el sol, subimos por encima de los 2000 metros... Todo suma.

Sucede que el pelotón no recorta a los de la escapada, y eso es señal de poca exigencia. El terreno acompaña (que quede claro... en San Pellegrino el terreno acompaña), porque los últimos kilómetros van casi al diez, y hay rampones para quedarte clavado, y ves carteles que desmoralizan, y la gente anima como si estuviera sobre escaleras... Pero el pelotón no recorta. Tira Sutterlin, y sus tatuajes enormes (y bastante horteras, pero eso ya es opinión personal), y Sutterlin igual no es el tío que pueda romperte gregarios en plan Roberto Conti. En fin, yo pensaba que igual aquí montaban algo, nadie me acusará por no ser optimista. San Pellegrino... Quedan solo Pordoi y Fedaia.

Al Giro le quedan solo Pordoi y Fedaia.

Passo Pordoi. Ecos de Coppi, de Bartali, Fuente comiéndose curvas como si fuesen cachitos de vida, Fignon atacando, Chiappucci atacando, Simoni atacando. Passo Pordoi, año 2022... y no atacan. Vale que no es lo más duro, vale que esas rampas, hoy, no sirven para montar zafarranchos mortales, vale que igual arriesgar tres semanas es poco digno de profesionales, vale que tal, vale que pascual. Si yo les entiendo, señores sesudos, si yo les entiendo, y comprendo su argumentación, y tengo menos verborreica que ustedes, y solo soy un honrado payasuco... si yo les entiendo.

Pero no me jodan.

Que no me jodan, digo. Que son doce kilómetros de puerto, que miren cuántas curvas bonitas, que algo más se podría haber hecho. Que no me jodan, porque corona la escapada con más

[18] Ciclistas profesionales, mintiendo sobre problemas de salud desde fines del siglo XIX.

ventaja de la que empezó. Bueno, Alessandro Covi, que tira para adelante y lo tiene bastante bien. Luego, unos cuantos. Luego, el pelotón. A seis minutos. El pelotón, que van ahí ciento y la madre. El pelotón. Al ritmo de Wout Poels, que anda el mi pobre con cara de no poder desde Arabba. Directores que parecen Roland Berland echando meadillas por Cotos. En fin.

¿Pordoi fumado? Check.

Queda Marmolada.

Al Giro solo le queda Marmolada.

La Marmolada con su desfiladero precioso, con su Malga Ciapela, con su recta asesina, con sus herraduras finales, justo antes del lago. La Marmolada con todo eso, sí...

Pero al Giro solo le queda la Marmolada.

(Bueno, y la crono de Verona, con menos kilómetros que San Pellegrino).

Para lo que hemos *quedao*, amigos. Si quieren se lo edulcoro, pero para lo que hemos *quedao*...

Ah, por detrás viene el grupo de los sprínters, culo gordos y escritores a siete horas y media de distancia. Salvarán holgadamente el cierre de control, porque el cierre de control son los padres...

Seis a meta... y nada, y nada. Ataca Guillaume Martin, que no asusta a nadie, pero tiene vergüenza ajena y dos libros traducidos al castellano (los hay que arrastran más nombre y cero de esas tres cosas, ¿eh?). Luego entra Sivakov, y se quedan clavaos un montón de tíos, porque hay un montón de tíos que no pueden con las zapatillas, pero como nadie intentó... Sivakov, digo, y rápidamente van solos Carapaz, Hindley, Landa, Hirt y Carthy. Carapaz que arranca, Hindley que coge rueda, que entra, pone ritmo, Kämna ayuda unos metros, y es decisivo. Landa definitivamente no puede, así que igual lo de su equipo toda la etapa ha sido como sacar el *safety car*, que tenemos coche *averiao*.

Cosa de dos. Emoción a raudales. Mira, mira, los vellos como escarpias. Los de las piernas no, que depilamos. Qué intenso, qué acojonante. Carapaz sufre, Carapaz achina los ojos, Carapaz pierde un metro, dos, luego tres... el líder se queda y esto es un muro. Tres kilómetros, a ver cómo gestiona Hindley lo de tener viento en la cara, que no lleva costumbre. Y Richard es roca mentalmente, ojo, a saber.

Pero no.

Hindley está ganando el Giro de Italia.

Las tendencias. El de delante, crecido. El que quedó, hundiéndose. Hindley vuela (al menos a ese nivel que puede volar Hindley). Carapaz penitente, y lo adelanta Carthy, y no puede despegarse de Kämna, y lo pilla Mikel, y le está saliendo todo al revés, macho, todo al revés. Al final hasta Lennard se pira, porque la cabeza hizo crack.

Victoria de etapa para Alessandro Covi, que supo gestionar. Detrás, gente de la fuga. Detrás, Hindley, que no hace ningún gesto de alegría, porque es muy respetuoso y tiene menos carisma que el brócoli en un buffet libre. Después llegan Landa (recuperando) y Carthy (muriéndose, como siempre). Carapaz... minuto y medio. Todo perdido. Segundo en la general (Landa le queda a treinta segundos, pero tampoco es Julián Gorospe contra el crono), todo perdido. Veremos cómo afecta esto de cara al futuro, porque es de esas cosas que uno...

Se decidió el Giro, colegas. En tres kilómetros de Fedaia.

Vuelvan a leerlo.

Ay.

# DIOSES PRIMIGENIOS, KALIMOTXO DE VERBENA Y TIPOS QUE NO RECONOCERÍAS EN LA CALLE: SOBRE EL GIRO DE ITALIA 2022

30/05/2022, *Jot Down*

Pum, se acabaron los temas de conversación.

Han intentado chuparse el codo derecho con la lengua (imposible). Alguien comenta que, tío, el ornitorrinco suda leche, sí, como lo oyes, suda leche, lo he leído por televisión, Jajá, sí, sí, leído por televisión. El de más allá cuenta la historia de Shakespeare y Cervantes, que murieron en la misma fecha, pero no en el mismo día, por no sé qué del calendario que hizo un tío de Roma, y luego uno que era Papa, bueno, no me acuerdo bien, pero es flipante. Sobre la mesa hay una botella casi vacía, restos de hojitas verdes y el último número de *Jot Down* resobeteado. Y, entonces, alguien plantea el clásico ranking, el que sale siempre en estas situaciones.

¿Cuál es la peor Gran Vuelta que se haya corrido nunca?

Pues bien, a partir de este año tienen ustedes un candidato más. Serio, con argumentos.

Bienvenidos al Giro de Italia, edición 2022. La carrera que provocó pesadillas al coronel Kurtz.

## Unas bases regulares

Primer fallo: de recorrido. Faltaba cronómetro. Faltaban puertos con 1500 metros de desnivel (que Italia tiene unos cuantos). Faltaban etapas de gran fondo. Faltaban tiradas crueles por media montaña. Faltaba algo serio en Dolomitas. Faltaba algo serio en Alpes. Faltaban pasos con altitudes de esas que acojonan. Todo. Los modernos organizadores huyen de la dureza, porque la dureza genera diferencias, y las diferencias matan la emoción. O eso creen ellos. En todo caso diferencias matan incertidumbres, que no es lo mismo. Si a usted su novia le dice que van a ser padres siente emoción. Si luego recuerda que ella lleva cinco meses de Erasmus en Bolonia, y solo coincidieron dos findes, entonces entra la incertidumbre. Ambas sensaciones se te clavan aquí, debajo del ombligo, pero no comparten más. Mantener segundos no solo es ridículo, sino que resulta contrario a la historia de este bonito invento. Al menos en los Giros de Moser y Saronni los italianos tenían lo que buscaban... Ahora ni eso.

Segundo fallo: de contendientes. Porque tampoco andaba el Giro muy *sobrao*. A ver, cómo decirles... ¿Recuerdan las Grandes de los ochenta y los noventa? Cuando estaban Hinault e Induráin. Que por debajo venían montones de tipos candidatos-pero-con-defectos. El que no cronea, el que baja mal, aquel que horrible en recuperación, ese no lleva equipo, el otro siempre trinca día malo en la etapa diecisiete. Y luego estaban ellos, los machos alfa, los putos amos, Bernard y Miguel. Pues bien, este Giro era algo así, solo que sin Bernard y Miguel. Teníamos veteranos de Corea, poetas ciclotímicos, pódiums sin rostro, *Pietás* en bici y dos o tres *rompetechos* cuesta abajo. Vamos, lo de siempre cuando no acude el Ejército Real Esloveno. Así es difícil ilusionarse (y, también, mantener un esquema clásico de carrera ciclista). Digamos que con nivel medio bajo todos encuentran su mediocridad menos llamativa, y sonríen tontorrones ante oportunidades que les deberían estar vetadas. Y eso provoca precaución. Y canguelo. Y bostezos.

Tercer fallo: de actitud. Porque falta actitud. Que tú puedes no tener aptitud, pero con algo de actitud te salen cosas interesantes en la vida (yo, por ejemplo, he subido Peña Cabarga). Pero si los sentimientos están anestesiados por la mente, y la mente solo busca el «guarda, guarda, que ya caerán los otros», pero, eso... puedes trincar contratos grandes, pero no esperes que escriban epopeyas sobre ti...

Con todo... pues oigan, pocos paños calientes. ¿Tuvo la carrera momentos? Solo faltaría, que nos hemos pasado tres semanas entre Hungría (excéntrica apertura), Eslovenia e Italia. Pero, así en conjunto, poca cosa. Algo deprimente. No hay que echarse las manos a la cabeza, porque las Clásicas estuvieron fenómenas, y el año pasado salió bueno en Grandes, pero negar sería un poco cínico. Y aquí cinismo, el justo.

Ciclismo también, ciclismo también el justo. Al menos durante la primera semana (alargada). Y, mira, visto lo de después hasta tuvo tema. Y buenos nombres.

Uno es Mathieu van der Poel. Que debutaba en el Giro (la carrera que nunca corrió su abuelo), que quería brillar. Primera y diana. Esprint en un castillo, victoria, *maglia* rosa. Fue el inicio, pero toda la prueba es locura por parte de Mathieu. Ataques a destiempo, piques en montañas que no debería poder subir (no, al menos, tan rápido), cucamonas a los espectadores. Van der Poel reúne en uno solo al perfecto *shit starter* y al Gen Z que adora las cámaras (y las cámaras lo adoran a él). Entre tantos suspensos, la suya es nota altísima.

En Hungría ganó etapa Simon Yates. Ese extraño elemento que es Simon Yates. Una crono ganó Simon Yates, y se te hace raro hasta leerlo, pero es que Simon Yates le ha dado una nueva dimensión a la palabra «irregularidad». Lo mismo trinca el premio Nobel de Química que te lo llevan de invitado a Pasapalabra. Giro raro, el suyo... destacando donde no se le espera (destacando donde no debería destacar, con ese cuerpo escombro de chuloplaya que me trae), hundiéndose en Blockhaus (terreno natural), reincidiendo después fracasos y victorias. Finalmente, se sube a un coche. Tiene rostro de no esforzarse mucho, y pedalada idéntica en días buenos y de resaca. Por eso lo queremos tanto...

En el Etna, primer alto... En fin, pues nada. Es duro el Etna, pero... nada. Bueno, vale, aviso y aparición. El aviso... parcial para Lennard Kämna, otro jovencito que hace bastante bien todo. Mira, parece que su equipo carbura. Kämna será decisivo más allá de la Malga Ciapela, pero queda tanto...

La aparición se llama Juan Pedro López. Juanpe López. Sí, con esa «n» que mata gatitos, con esa «n» que incluso la RAE se apresuró a corregir. No me importa, llamadme Juanpe, dijo el mozuco, como si fuera la primera frase de una novela larguísima sobre ballenas, condenados y Queequeg. Pero por Lebrija, que no sé yo si hay mucha ballena en Lebrija. Bueno, entró segundo Juanpe, y trincó el rosa, algo de lucir mucho. Diez días aguanta, hasta Turín. Diez días. Luego, cabalístico, fue décimo en la general. Sus entrevistas eran inglés con acento sevillano y muchas lágrimas (luego en carrera tiró un bidón a otro ciclista, no perdamos la esperanza). Gran pillaje.

Esprints, escapadas (de Gendt repite en Italia década y pico más tarde de aquel *X Files* del Stelvio) y Blockhaus. Puertazo tremendo, cosa seria de cojones. Con su historia, con su leyenda. Y allí comienzan (siguen) los bochornos. Trantrán tontorrón hasta casi arriba, y tirones chiquitucos. Siempre que alguien tensa quedan solos Bardet (luego abandonaría con tiritonas, vómitos y aspecto general de blancazo resacoso), Carapaz y Landa. Ya está, ya tenemos pódium, pensábamos, avaros. Luego dejaban de pedalear, preguntaban por los hijos (a Mikel por las fiestas), se hacían selfies, cuánto tiempo, lo subo con hastag #fumadón, #Tarangullorаría y #quedamucho. En fin. Al final cazan algunos otros, y se impone con esprint largo un tal Jai Hindley. Luego les hablo de él...

Ah, otra particularidad... Blockhaus parecía a ratos *Cocoon*, colegas, con una edad media similar a la de un Consejo de Administración en el *Madrí*. Estaban por ahí Valverde (undécimo y anónimo), Nibali (quinto y peleón por Turín) o Pozzovivo (octavo y horroroso sobre la bici, como siempre). Te dicen que iban persiguiendo a Danilo di Luca (que ellos le perseguían en carrera, no que Danilo tuviese la policía en los talones) y lo crees.

**Me encanta el olor a landismo por la mañana.**

Jacques Anquetil es una obra de Saint-Saëns. Coppi, el *Nabucco*. Con Merckx suena siempre al fondo *La Cabalgata de las Valkirias*, y a Hinault le ponen música bretona, llena de consonantes y olor a sal.

Mikel Landa parece kalimotxo en una verbena.

A Mikel Landa se le quiere porque... en fin, tampoco yo sé explicarlo mucho. Se le quiere, supongo, porque derrocha ese algo inefable e inmarcesible que es el carisma. Mikel Landa va por la calle, se agacha para atarse los cordones, y pierde cachitos de carisma cayendo del pantalón. ¿Café con leche y pincho? Toma, dos toneladas de carisma, bote. ¿Se le casa una amiga de la infancia? Pues el sobre con los billetes y un poco de carisma, que nunca está de más en un matrimonio el carisma.

Quizá por eso Mikel Landa tiene popularidad que supera en mucho a sus méritos. Bueno, por eso y porque ataca agarrado abajo. ¿Cómo explicarlo para quien no es aficionado a la bici? A ver... Aristóteles y Santo Tomás corren cogidos arriba, Nietzsche y Wittgenstein atacan agarrados abajo. Más o menos. Cogerse arriba es de señoros. Es la imagen, sí, la estética. Es, también, una carga. Porque cuando ofreces (casi) únicamente una cierta manera de hacer las cosas terminas siendo esclavo de ti mismo. O de lo que proyectaste. O de lo que otros vieron en ti.

Y eso es el landismo. Y el landismo es sí, pero no. Como en esta edición del Giro.

A ver, durante toda la segunda semana gravitó sobre los aficionados de Mikel una desgracia funesta... ¿Y si este simpático botarate hace la horterada enorme de ganar la *Corsa Rosa*? Joder, que yo aquí vine por las risas, por las caídas, por las desgracias, por la ilusión que se mantiene hasta el golpe de realidad. La vida, colega, yo vine aquí por la vida. Y ahora va y se me corona con éxitos... así no, Mikel, así no.

*Spoiler*: finalmente, así no.

*Spoiler* 2: y menos mal. Porque ni siquiera fue un Landa landista. Fue un Landa mancebiano, por hacernos idea. Menos cambio de ritmo que un 2 CV, menos aceleración que Joaquín Rojas Marcos. Dramático en los esprints. Si llegan tres, hace el cuarto. Si llegan cinco, queda fuera de control. Y cierto aire, además, de conformismo. Con mirada objetiva... joder, es que es normal.

Siete años después vuelve al pódium del Giro. Siete añucos. Entre medias, la nada (bueno, no nada-nada, ustedes me entienden). Pero como para no ilusionarse con la foto de Verona. Sucede que con Mikel estábamos acostumbrados a la menos objetiva de las miradas objetivas, así que caer a la realidad se nos hace... raro. Crecimos de golpe, primeras canas, algunos colegas tienen hijos, el de más allá calza alopecia. Puto mundo este, molaba (molábamos) más cuando nos tiraba el puto Yates.

(Enhorabuena, Mikel. Sea como fuera, merecido).

Tampoco es que haya mucho más estos días. Detalles, la única etapa en condiciones, un precedente que debimos tomar en cuenta. Nada, cosas.

En Iesi ganó Biniam Girmay. Girmay ilusiona por su edad, pero luce por sus orígenes. Eritreo. Ojo, antigua colonia fascista, porque el ciclismo es un lugar caprichoso. Primer africano-africano que trinca etapa (el resto eran africanos blancos hijos de gente con pasta, para entendernos), lo que siempre lleva historia. Pena que la suya terminase allí, en el pódium, porque el corcho del champán le pegó una hostia buena en el ojo (lo juro), y tuvo que retirarse (lo juro) y aun a día de hoy no está previsto su regreso (lo juro). Si es que el alcohol es malísimo...

Etapa buena fue la de Turín, circuito espectacular bordeando casoplones que, sospecho, pertenecen todos a distintas ramas de los Agnelli. Tensó Bora de lejos, atacó Carapaz también de lejos (pilló liderato), Landa sudando como un cántabro en Sevilla, Nibali que parece el de hace dos lustros... Espectáculo gordísimo, diferencias serias-pero-no-tanto y victoria para Simon Yates, que pasaba por allí y, mira, ya que estoy pues...

En aquellos tiempos acojonaba Almeida. Almeida. No, a ver... Almeida, el ciclista, en quién estaba usted pensando, lector travieso. Almeida es João Pedro Gonçalves Almeida, el nombre más portugués del mundo mundial (salvo Fernando Pessoa, que suena menos portugués, pero Pessoa es Pessoa). Y eso, que Joao era el mejor croner entre los de la general (tampoco necesitas competirle a Roger Rivière para eso) y no perdía demasiado cuesta arriba. A ver, no perdía demasiado... el tío andaba descolgándose cada vez que subían un puente, pero llevaba en los bolsillos del maillot fotos de Jaskula, Abraham Olano y Aru poniendo caritas, así que mantenía saludable distancia de seguridad, con segunducos picando pero nada de pérdidas definitivas. En un paradójico giro del destino (este Giro ha tenido mucho de paradójico giro del destino) nuestro amigo João fue positivo por covid antes de la traca final, así que nunca sabremos hasta dónde podía estirar el colega su agonía, su rostro de ir muriéndose y sus piropos por dar un espectáculo... diferente.

(Ah, también andaba retirado para entonces Tom Dumoulin, mucho más centrado en su carrera como pensador y escritor de frases para instagram).

**Ganar el Giro sin que te conozcan por la calle**

La fama es algo horrible. Todos te piden autógrafos, no puedes tomar café tranquilo y hordas de aficionados a las bicis te pillan rueda para sacarse fotos en marcha (sacarse fotos en marcha es síntoma inequívoco de ser tonto del culo, amigos).

Pues bien, a Jai Hindley no le ocurre nada de eso. Porque a Jai Hindley no lo reconocen por la calle.

Este año el equipo Bora decidió hacer apuesta grande. Cambiar carisma por eficiencia. A mí me parece algo loco, pero... Largaron a Sagan (que te saca memes comprando detergente, pero anda pelín acabado para estas cosas del pedaleo... y bastante lechón) y construyeron un conjunto con varios tíos de clase media-alta que estaban ante la posibilidad de trascender al siguiente estatus o quedarse en peña anodina.

Uno era Jai Hindley. Jai[19] Hindley tiene dos récords difíciles de igualar. Uno es perder un Giro con Tao Geoghegan. Sí, sí, como lo oyen. Esto posiblemente quedé para la historia, porque lo mismo Tao no trinca otro Top 5 en lo que le queda de vida. La otra marca es, precisamente, haber sido pódium en una Grande y

[19] Fíjense cómo será el asunto que para referirme a Jai Hindley siempre escribía «Jay Hindley». Con Merckx no tengo dudas, macho.

que sea difícil recordar su rostro. Mala cosa. Vamos, que Hindley tiene carisma escaso, valentía justa y pocas actuaciones de esas que te pones el video mil veces. Pocas o ninguna. Pero, miren, acabó ganando esto. Después de lanzar un ataque tremebúndico... a cuatro kilómetros de meta. El último día de montaña. Hasta entonces... abismo blanco. El horror, el horror.

Porque jodida semanuca. Primero Aprica. Antes pasaban el Mortirolo, pero por el lado suave, que es como si usted va a tomarse el vermú y, en fin, se toma solo un vermú. Nada, fraudulento. Luego subían Santa Cristina, donde lo de Induráin, y Pantani, y el compresor, y busco a Jacqs, y Jesús Gil con el jacuzzi, y qué joven era, amigos... Poca cosa. Ataques en el último puerto. De Mikel Landa, especialmente. Hindley y Carapaz tienen rarísima enfermedad que les impide recibir viento directamente en el morruco, así que... Oigan, tampoco son las arrancadas de Mikel muy pimpantes (ay), pero algo llevan. Tablas, sensación de que es cosa de tres.

Luego... pues es que luego es siempre lo mismo. Arrancada tímida de Landa (pero tímida, tímida, tímida nivel morirse bastante virgen), los otros dos llegan sin (aparente) dificultad, abren más o menos hueco, el vasco pierde algo al esprint, donde compite en la liga de Marino Lejarreta y Martín Farfán. Pasó en Lavarone, pasó en Castelmonte. Pena en Castelmonte, porque se fumó el pelotón un coloso llamado Kolovrat, que tiene nombre de dios primigenio y una mala hostia en sus rampas como para dejarte las piernas zumbonas. Pero cuando no hay...

Así que todo para la última etapa. Y, de entre la última etapa, todo para el último puerto. Y, dentro del último puerto, todo para la última parte. Y, metidos en la última parte, ya esperamos hasta cuatro a meta. Cuatro a meta, algo menos. Salida de trote cochinerete, cuarentón exfumador *style*. Que lo puede hacer andando hasta un novelista, que antes este deporte metía susto. En fin. Eso, Passo Fedaia. Al menos es el Passo Fedaia, con su glaciar de la Marmolada, con el lago allí arriba, con Sottoguda, con la historia, la leyenda y la recta asesina. Allí murieron tipos como Bugno y Tonkov, allí acabó cascando Richard Carapaz. Latigazo de

Kämna (gran jugada del equipo), salida de-todo-menos-fulgurante por parte de Hindley. Luego sí, luego un ritmo bastante chulo que nos arroja la gran duda... los días anteriores, ¿no pudo o no quiso? Porque si no pudo mejora bastante en sitios donde es imposible mejorar; y si no quiso pues parece un tío bastante triste. En fin. Exhibición atlética (en distancia de atletismo) de primer nivel, los chiflados de los números masturbándose a gritos con tiempos, potencias y comparativas, qué duro es todo esto, que inmensa calidad, la edad de oro del rendimiento físico. Es lo que tienen los números, que como son fríos e insensibles, carentes de relato, soportan cualquier ropaje que uno quiera ponerles. Tú me dices que subieron veloces, yo te digo que es porque vinieron de paseo. Pum, jaque.

Y eso... Hindley gana el Giro (no la etapa... de entre los diez primeros en la general solo han trincado parciales él y Jan Hirt, otro dato), Landa será tercero. Entre medias, Carapaz. Quizá jugó a poner nervioso, frisando por encima de sus fuerzas durante unos cientos de metros, antes de hacer pum. No sé. Sale tocado de aquí, con su puesto como contendiente a estos asuntos en (cierto) entredicho.

Y en Verona... pues nada. Entrada por la Arena, que siempre es estético, pero... nada. Entre los treinta y cinco primeros de la general solo hay dos cambios (Carthy por Juan Pedro López, Howson por Poels). Vuelvan a leerlo, también explica causas y razones de este Giro tan triste. Y mira que Landa hizo todo lo posible para dar emoción, ¿eh?, desde salir con un casco que te lo pondría en pantalla Ed Wood hasta hacer el 76 en una crono. Pero es que era tan cortito todo... Digno final para lo que fue la carrera. Enhorabuena a Mikel por el pódium, enhorabuena a Carapaz por esa foto tan bonita. Y enhorabuena a Jai Hindley por ganar su primer Giro de Italia.

Eh, Jai, si me ves por la calle saluda... no me suena tu cara[20].

[20] Tampoco me suena la tuya, Jai.

## HEALY MOLA, MCNULTY GANA Y LOS FAVORITOS FAVORITEAN EN UN GIRO DURÍSIMO

21/05/2023, *El Confidencial*

Yo en la media montaña del Giro confío más que en mi padre. Se lo juro.

Sí, amigos, hoy ando de mejor café, como pueden ustedes comprobar. Ando de mejor café, porque se me he *pasao* lo del viernes, porque doy por perdidos a quienes no quiero encontrarme, porque me guardo, para mí, más de un siglo de este deporte, miren si puedo leer, ver y escuchar sobre auténtico ciclismo en vez de patrañas tipo «mira, tío, jo, o sea, es que hace frío, frío, y Mari Cuqui, la prima de Pocholo, dice que el frío es fatal, pero fataaal, para la piel». Y eso, que tengo mejor café. Ah, encima me compré el sábado una quesada donde Etelvina, que siempre ayuda.

(Ya no queda *na*, obvio).

Ando de mejor café por todo eso, pero también porque los ciclistas de este Giro de Italia me han dado una oportunidad preciosa. Linda, bella. Yo, que siempre he soñado con cubrir el Tour de Maurice Garin. Sí, año 1903, el primero de todos. Imposible, ya no hay grandes eventos que nacen. Y ahora, gracias a los tíos de esta *Corsa Rosa*... pues sí. Porque soy espectador... soy testigo directo de una nueva carrera. Una que ha venido para quedarse.

El «Giro no tan Giro corrido con solete, a temperaturas entre dieciocho y veinticinco grados, con etapas por debajo de los doscientos kilómetros y trote cochinero cuando nos da la gana». Como nombre es un poco largo, no tiene gancho comercial, pero algo se nos ocurre. También podemos ponerle «Giro de Italia Adam Hansen *approves*».

Adam Hansen es el Presidente de la Asociación de Ciclistas. El anterior Presidente de la Asociación de Ciclistas se llamaba Gianni Bugno, y gano una De Ronde van Vlaanderen que hoy, según la mentalidad de Adam Hansen, no se hubiese disputado. Bugno fue una leyenda en esto, de Adam Hansen dicen por wikipedia (lo juro) que le gustan las bromas. No sé, chico. Adam Hansen es solo portavoz (el problema no tiene apellidos, y sí muchos nombres) pero resulta perfectamente sintomático de este nuevo invento con condiciones absolutamente perfectas o, si no, pues no corremos. El ciclismo que defiende Adam Hansen, sí, tiene menos épica que un *crossover* entre *Los Osos Amorosos* y *Heidi*... perdón, *Heidi* no me vale para este ejemplo, porque en *Heidi* salía un San Bernardo (y los ciclistas de hoy desprecian al San Bernardo) y en *Heidi* había escenas con nieve (y los ciclistas de hoy solo quieren la nieve para entrenar en invierno por lugares con fiscalidad baja, que salen chulísimas esas fotos para el *insta* y el *insta* importa más que tu palmarés). Así que *crossover* entre *Los Osos Amorosos* y *Pocoyó*. Eso quiere Adam Hansen y todos los Adams Hansens (ya me jode personalizar, pero si no querías personalización no haberte *presentao*). Ah, y pocas horas sobre la bici, así llegamos pronto al hotel y tenemos rato para escribir tonterías en redes, subir tonterías a redes y exhibir tonterías por redes.

Quede desde aquí mi agradecimiento a Hansen y sus colegas por darme la opción de hacer crónicas sobre el primer NUEVO GIRO DE ITALIA, ese que jamás podría tener en su historial a tíos como Charly Gaul.

En fin.

Aunque, decíamos, yo en la media montaña del Giro confío más que en mi padre. Puertos que rodean los lagos de Lombardía, los que suben desde Garda, los que te calcan en la *Classica delle Foglie Morte*, los que, mira, igual son tres cuartos de montaña en vez de media montaña. Hoy, camino a Bérgamo (que preciosidad es Bérgamo) teníamos cuatro passos. Valcava, que es bien duro. Luego la combinada entre Selvino y Miragolo San Salvatore. En Selvino hizo Rominger desguace bien grueso, allá por el 95, calva al aire, caruca de me voy a morir en julio. Aquel Giro fue durísimo, y tuvo jornadas dantescas con un tiempo que haría llorar a varios *influencers* metidos a pros. Otros tiempos, sin duda. «¿Es que nadie va a pensar en los niños», que diría Helen Lovejoy...

Y luego... en fin, gracias, es justo lo que necesitaba... el Roncola. Domingo, cuatro de la tarde, Roncola. Si es que viene ideal. Roncola Alta, además, que debe ser «Alta» por alta graduación. Lo demandamos, eh, para aguantar este Giro. El Roncola. Porque estas dos primeras semanas de carrera han sido duras. Durísimas. Para los espectadores, sobre todo. Demoledoras.

A ver la Roncola, qué tal.

A ver todo, sí, porque terreno tienen. Ganas ni de *flagüer,* ganas hay de dar mus y fumarse otro día, tercero consecutivo. Y aquí siguen, jugando con el futuro de nuestro deporte, tirándonos selfies, haciendo declaraciones a mitad de camino entre el «¿me estás vacilando?» y el «me tomas por tonto». Rohan Dennis (el mismo que subió Stelvio más rápido que Fuente hace tres años[21]) comenta que en Suiza nadie atacó porque había «viento de cara». Viento de cara. Esos misteriosos vientos de cara que surgen a principios de mayo, justo cuando acaban las Clásicas (donde nunca hay viento de cara) y empiezan las Grandes Vueltas (donde siempre hay viento de cara). Misterios de la meteorología moderna. Vamos, que terreno hay, pero esto pinta a escapada consentida y segundines entre líderes (o lo que se sean).

Sorpresa. Zafarrancho. Epicidad, bombas, buuum. Valcava parece Balaclava, suena *The Trooper* al fondo. Solo que no. Solo que ni de coña. Solo que otro fumadón gordísimo, porque para qué esforzarnos tres semanas si podemos reducir el asunto a

[21] El mismo Rohan Dennis que se ha declarado culpable en el atropello mortal de su mujer.

la última. En fin. Fuga de dieciséis, el grupo grandote a siete minutos, a ocho, a más, a menos, contándose chistes de Félix el Gato, escribiendo en su blog desde la bici, total, a esta velocidad me da tiempo...

Dieciséis, digo, y algunos tíos de interés. Batalladores, con patas. Ben Healy, sobre todo, que es un ídolo, Ben Healy, que ha pillado la referencia a *The Trooper* fijo, Ben Healy, que trae *gambas* como para zafarranchear, Ben Healy. O Rubio, que ganó el día que perdimos al ciclismo. O Rojas, que ya habrá votado por correo. Simone Velasco. Brandon McNulty (ese extraño elemento que es Brandon McNulty). Bauke Mollema exhibiendo clase y estética. Un Frigo que no recuerda al del pelo *oxigenao*, al de los bochornos siderales. Tales rollos.

Y, por detrás... ay, por detrás. Si Eliot hubiese visto este Giro de Italia *The Wasted Land* empezaría con un *Mayo es el mes más cruel*. Fijo.

Así que dos carreras. Etapa, general. Subiendo al Roncola (lo que sube un Roncola), va por delante Bonifazio, persiguen Frigo y McNulty, luego Rubio y Healy. A ver, la cosa mola mucho, porque resolución de quilates, pero... Que sí, que el concierto de *The Flying Rebollos* fue guay, pero aquí vinimos por los *Platero*...

Y los *Platero*... quiero decir, los de la general... que se pone el equipo de Roglič, que suben cuatro a cabeza, que aceleran, que eso será para algo, ¿no?, para algo debe ser, porque no entiendo que sea para nada, si es para nada qué bochorno, Roglič, qué bochorno. Pasa que dura eso cien metritos, porque Roglič recuerda que puede ganar la *Corsa* metiendo un ataque en vallas el día de Lavaredo, y para qué otro, para qué otro, mantengo todo controlado, que me salió bien antes, que nunca perdí una carrera, yo, por no abrir gas cuando pude abrir gas... Saldrá como salga, colega, pero lo de no aprender de los errores... Tenemos veintisiete personas encargadas de dar geles a los ciclistas en todas las curvas del recorrido, medir los vatios que generan cuando hacen caca o calcular cuánto tiempo podemos ver el fútbol por la tele antes de entrar en déficit calórico... y no recordamos lo que pasó en todo un Tour de Francia. Ellos sabrán...

Ah, por delante ya va Healy solo. McNulty es muy elegante y Healy parece que se va a desmontar, el mi pobre Healy, pero va solo. Aquí somos muy de Healy, de sus greñas como para vender hachís, de sus barbas «domingotardescas», de su maillot feísimo (bueno, de su maillot feísimo un poco menos). Aquí somos muy de Healy, joer, vamos, Healy, qué raro te mueves, Healy, pero vamos, Healy.

Club de fans de Healy en *crowfunding*, manden pasta al mail que aparece más abajo.

El pelotón, mientras, solicita, por favor, que les metan por carreteras más anchas, para poder subir ocupando más espacio. Hay votación, todos dicen que sí, Adam Hansen redacta un comunicado, algunos ciclistas sacan opiniones personales en su instagram. «No van ahí ni cincuenta», dicen en la tele. Ni cincuenta. Vuelvan a leerlo. Ni cincuenta.

Analicemos... seamos cínicos. El cincuenta del Giro anterior fue Felix Gall. Maxime Bouet en el Tour, Gregor Mühlberger en la Vuelta. Eso. Los que quedan. Última etapa de la segunda semana, cuatro puertos hoy. Ni cincuenta. Dos semanas, los tres primeros (si quitamos a Armirail) en veintidós segundos. Boardman, Induráin y Rominger estaban por diecinueve tras el prólogo del Tour 94...

McNulty caza a Healy, porque Healy es tan grande que quiere dar emoción a esto, porque Healy ha venido a divertirnos. Y Frigo también, Frigo también llega. A Frigo le abuchean en el grupo, porque dicen que tiene nombre de *helaos*, y que los *helaos* están gélidos, y que con temperaturas gélidas no se anda en bici, hostias, ya, que eres un cruel, Pereda, que eres un cruel. Así hasta el empedrado. Se quedan solos el irlandés y McNulty, que tiene más apellido de irlandés que James Joyce. Entre ellos se lo van a jugar, pareciera (no). Ah, metieron dos minutos al pelotón de los buenos (o como quieran decir) entre puerto y meta. Dos minutos. Pero no digas que van de paseuco, eh, no digas que van de paseuco, que te dicen *hater*, que te dicen *ciclista de sofá*.

Un kilómetro, entra Frigo (que tiene la moto muy cerca, porque también hay muchas motos últimamente), y arranca, y parece irse, y Healy lo pilla, y Healy se mueve más en el esprint que Ozzy Osbourne cantando *Mr Crowley* a mediados de 1981.

Hasta toca, hombro y hombro, con McNulty... Qué emoción, oigan, qué emoción. Finalmente gana McNulty, Healy segundo pero primero en mi corazón. Frigo tercero.

Y ojo... los favoritos... menuda sangre, menudo espectáculo, desde Les Orres no veíamos nada así. Con decirles que atacó Almeida. Sí, amigos, Abraham João Pedro Gonçalves Almeida Olano ataca. Y no se va de nadie (de nadie entre los que quería irse, claro). Ocho tíos. Menos me da miedo, que por aquí igual bajan lobos. Las risas. Ocho tíos.

Empate. Nada más. En el Bondone veremos, en el Bondone harán implosión unos cuantos. Porque, amigos, al Bondone llegamos el martes de la última semana. Y la realidad, la cruda, cruel, triste y lamentable realidad... es que aún no hemos visto nada que nos sugiera relaciones de fuerzas entre favoritos y mascachapas.

Y así estamos.

Les juro que yo estaba de mejor café, se lo juro. Y, encima, me acabé la quesada...

## TRAGEDIAS, BOCHORNOS Y EL REY DE LOS PLOT TWIST: ROGLIČ GANA EL GIRO OLVIDABLE DEL FINAL INOLVIDABLE

30/05/2023, *Jot Down*

¿Saben esas películas que las ves y dices, joder, menuda puta mierda, pero luego tienen un final molón, un final que te obliga a revisionar todo el metraje, un final que te vuela la mente? Un *plot twist*, vaya...

Bueno, pues eso fue el Giro. Cien horas (bueno, ochenta y cinco horas) de coñazo para cinco minutos con intensidad máxima. ¿Justifica la espera? Pues miren, no. ¿Se disfruta el momento? Pues miren, sí. Ambas cosas son compatibles. Pero vuelvan a leer. Cien horas, cinco minutos.

Si alguno identifica esta *Corsa Rosa* con su vida sexual es que tiene un problema, amigos.

### Dos favoritos, muchos bostezos

Tú al Giro siempre llegas con ganas, porque el Giro viene después de las Clásicas (y las Clásicas lo molan todo, las Clásicas son ciclismo del bueno, las Clásicas son eso por lo que seguimos mirando este deporte) y montas películas gordísimas en tu cabeza, arrancadas siderales, más épica que un Ikki vs Saga. Y luego meh, y luego ejem, y luego mus.

Y, luego, la realidad.

Sí, colegas, el Giro de Italia lleva un par de años disfrazado de metáfora sobre la vida.

Pero antes, pues eso... ansiedad. Elucubraciones. Favoritos. Este año dos, solo dos, nada más que dos. Pero qué dos. El primero es esloveno (ser esloveno tiene mucha cosa en esto de las bicis), se llama Primož Roglič, era saltador de esquí, luego ganó tres Vueltas, pudo ganar un Tour, lo perdió en la última cronoescalada (ojito), tiene en su mismo conjunto a otro ciclista mejor que él (a día de hoy). Vamos, que sonaba esto de Primož como último baile, oportunidad postrera, homenajear al gran campeón. Sobre todo teniendo en cuenta quién era su oponente...

Porque Remco Evenepoel llegaba para confirmarse, para decir que ok, que puede con las tres semanas (la Vuelta es símil, pero solo símil), que en catorce meses vamos a la Grande Boucle y nos cascamos con Tadej y Jonas. Recién había ganado Lieja, recién (aunque menos recién) fue campeón del mundo. Credenciales bien chulas, porque el último belga que escaló Lavaredo vestido de arcoíris pues... Esperanzas. Que haya un *cróner* (un *cróner* inmenso, un *cróner* monstruoso) disputando Grandes garantiza hostias, porque los escaladores tienen que recuperar. Y Remco es, encima, tío que bascula entre ofensivo (sobre la bici) y orgulloso (orgulloso tipo Calderón de la Barca, tipo dar una hostia con el guante, mañana al amanecer, Playa de Covachos). Vamos, que responde, se crece por encima de sus posibilidades, tiene comportamientos de Merckx aunque no tenga las piernas de Merckx. Megalomanía, y eso siempre es bueno.

(*Spoiler*... no despejó dudas Evenepoel. En crono ya sabíamos de lo que es capaz, en montaña... no llegó a la montaña. A la montaña auténtica, a la montaña gorda. Una de las grandes tristezas de este Giro es desconocer el techo actual de Evenepoel).

Presentados los dos favoritos (y, realmente, solo hubo dos favoritos) pues... poco más durante la primera semana. Humillaron los ciclistas Lago Laceno, ciscándose en la memoria del Giro 98 (y esto me jodió). Humillaron los ciclistas el Gran Sasso d´Italia, ciscándose en la memoria de Otto Skorzeny (y esto me encantó). Atacó Primož Roglič en Il Capuccino (no hay país igual para los nombres que molan, joder), y solo pudieron seguirle Tao y Geraint... solo pudieron seguirle Tao (se retiró por caída cuando tenía pinta excelente) y Thomas, no llegó Evenepoel, igual le pasa algo, a Evenepoel, igual es que...

Ah, Evenepoel ganó la(s) crono(s), se vistió de rosa. No pegó el meneuco que todos esperaban, pero se vistió de rosa. Lejos de sentenciar el Giro, lejos de echarse a dormir.

Toca defender, aunque tenga todo de cara.

Esa misma tarde... abandono.

Positivo en covid.

### Nombre propios y bochornos

A ver, empecemos por el principio... lo de Remco. Bueno, lo de Remco y lo de treinta paisanos más, que se ha cebado el covid con este Giro, que hemos tenido escuadras acabando con el mecánico, el que limpia las bicis y un *salao* que conocieron ayer por los billares.

Serán pocas palabras, porque yo no tengo la carrera de Medicina. Pum, hala, desmontadete el argumentario de (casi) todos. Quiero decir... si a mí alguien con la suficiente preparación me cuenta sobre la necesidad de abandonar, sobre dolores, sobre posibles secuelas... pues nada que añadir, porque yo de eso ni papa. Siendo sinceros, y poniéndonos en la circunstancia más favorable (que lo de Remco fuese virulencia bajuca, rollo «sologripismo»), seguiría estando *justificao* el abandono. Que esto es deporte de alto nivel queridos, y quedan dos semanas con (muchos de) los *montis* más duros que se suben en bici. Que ya no es lo que te pueda restar el rollo, es que si ni descansas en condiciones cada día... caput. Y que cada vez peor, hasta petar del todo. Lo hemos visto con peña que se cae (y no duerme por las abrasiones), con peña que tiene dolor de muelas (y no duerme por la agonía) o con peña que coge un pequeño catarro (y no duerme por toser). Seguir era comprar billetes para sufrimiento y petada gorda. Y, sobre todo... miren cómo empieza el párrafo.

(Tema distinto es preguntarnos si en otros deportes ya no existe el covid, porque otros deportes ya no tienen casos, eh, de covid. A mí me extraña, pero no quiero ser malpensado. ¿Se imaginan ustedes disfrazar un positivo en covid con, no sé... molestias musculares? Perderse el partido semanal de este ejemplo aleatorio y volver tranquilamente. O retirarte de tu torneo, o lo que se les ocurra. Nah, en el deporte de élite todo es sinceridad y transparencia).

Sea como fuere... empezar de cero. Casi al pie de la letra, porque apenas hay distancia entre los favoritos. Mira, pensábamos entonces, segunda semana y sin tiempos. Y todos en plan «qué sorpresa». Fuimos inocentes, fuimos felices...

Vale, pongámonos positivos. Bueno, vale, cambien expresión, porque Evenepoel se puso positivo y fatal. Y en esto de las bicis lo de los positivos mejor ni meneallo...

Así que... pongámonos alegres. Que también ha tenido cosas alegres, este Giro. Que se acabó, la principal, pero no vinimos aquí en plan cínico noventero (sobre todo porque en los noventa las grandes molaban, y nadie quería que acabaran).

Alegre es Ben Healy. Ben Healy es mi mayor entusiasmo en la *Corsa Rosa*, mi ciclista preferido desde hoy y la persona que más quiero conocer junto a Stephen King y el inventor del kalimotxo[22]. En una época donde la aerodinámica está medida al milímetro (incluidos cascos en las cronos que asustarían a Ágata Ruíz de la Prada), Ben Healy tiene greñas, va sin afeitar, gasta pendientes y trae cara de lunes-justo-después-del-DerrameRock-qué-buenos-los-Barri. Ben Healy es ese amigo suyo con el que queda para tomar un café y llega dos horas tarde, y no te vayas aún, y acaban ambos en el karaoke que hay al lado del bingo, cantando Camilo Sesto junto a un tío con pinta de mafioso, el séptimo cubata en la mano y un paquete de Camel asomando por el pantalón. Ese es Ben Healy. Sucede que él, encima, anda. Anda mucho, anda buff, anda todo lo que quiere. Ganó etapa en Fossombrone, quedó segundo en Bérgamo, estuvo tocando gónadas a los amarrateguis por toda la península itálica. Ben Healy (con sus ojos de dormir

---

[22] Un paisano en las fiestas patronales de Getxo fue, lo juro. Al menos eso dicen.

lo justo, con su aire de oler como el profesor de Plástica) atacó y atacó. Atacó, aunque no sirviese para otra cosa que el mero gusto del ataque (esto igual les suena, de cuando eran críos). Camino de Lavaredo, perdida fuga, sin opciones. Y, pum, va y ataca. Un par de T-800 con coulotte y maillot hasta lo riñeron, y él los miró así, los miró como se mira al delegado de la clase, como se mira a los jóvenes que aplauden en un mitin, como se mira al *cayetano* antes de robarle veinte duros. Él los miró así, y yo caí *in lof* para siempre con Ben Healy. Te queremos, Ben, no cambies nunca.

(El descacharrante *outfit* de la última crono, con ese casco más torcido que Paco Mancebo subiendo el Mont Ventoux, fue guinda perfecta).

Vale, ¿recuerdan esa arrancada inútil, pero hermosísima, de Healy subiendo Campolongo? Sí, sí, la del día de Lavaredo. Vale, pues para marcar sale... Thibaut Pinot. Que, oye, no tendría nada de anómalo, salvo porque era absolutamente imposible que Healy metiera mano a nada de Pinot, y porque Pinot no tenía esperanza alguna en el parcial, y había asegurado la *maglia azzurra* montañera (me gustaba más la verde) y si lo de Healy fue loquísimo lo de Pinot fue para decir que está loquísimo...

Pinot ha tenido un Giro... raro. Era su despedida, en el año de su despedida, y parecía estar muy de despedida. Luego no, luego bien metiduco en carrera, peleando montaña, algunas veces cerca de ganar. Pero... el mismo Pinot de siempre. Si acaso más *chiflao*, porque Pinot ha sido su propia versión dos punto cero este mes. Vamos, que no calzó una hostia al «Chalequito» Cepeda de milagro (hostia la merece quien puso eso de «Chalequito»), y de ahí en adelante se le vio al francés *crispao*. Pero *crispao* de narices. Cómo decirle... para Campolongo, cuando arranca a por Healy (aunque Healy le preocupa lo mismo que a mí la boda de Tamara Falcó)..., para entonces la psique de Pinot es una peli de David Lynch. Sí, arranca Ben y a Pinot se le aparece un enano bailando, y alguien encuentra orejas mientras corta el césped, y una mujer canta dentro del radiador. Aproximado, ojo, seguro que algo más. De cualquier forma... aplauso, también, a Pinot, que se marcha del Giro con un botín apreciable. Pena que no acabase de decidirse por setas o rolex...

Por las escapadas andaba también muy activo la tercera buena noticia. Que se llama Jonathan Milan, tiene veintidós años y gasta la misma talla de maillot que John Cena en *Tour de Pharmacy* (sí, amigos... John Cena hizo un *mockumentary* insinuando que en el ciclismo hay *doping*. John Cena. El del pressing catch. Haciendo chistes sobre *doping*. John Cena. Ejem). Vamos, que destaca Milan por su tamaño, que le entra el Duomo entre tríceps y tríceps. Pero, además, sube. Bueno, o no se arrastra, no tiene que remolcarse en coches como Cavendish (luego hablamos de Cavendish). Jonathan ganó etapita, peleó la *ciclamina* jornada tras jornada (entraba en fuga, sufría más que Houllebecq por Benidorm, llegaba al intermedio, luego se descolgaba con lengua fuera y corpachón grandote) y perdió varios esprints por empezar colocado entre Alberto Leanizbarrutia y José Ramón Uriarte. Cuando aprenda a ser más efectivo antes del último trescientos... Terror. Pinta a esprínter de época.

Y, ahora... al lío. Porque menudo lío, porque menuda traca, porque menuda vergüenza. Yo les cuento antes lo chulo para después meterles el zas, meterles la hostia, meterles decepción. Es una estrategia clásica, es algo que hacemos todos, desde los guionistas de Marvel hasta su sobrino Jesús Antonio. A mí no me miren, está *inventao*.

Sucedió en la etapa con final en Suiza. Que era una de las reinas, la etapa con final en Suiza. Tres puertazos, la etapa con final en Suiza, y la Cima Coppi, esta etapa con final en Suiza. Gran San Bernardo. Allí ganó un Giro Gaul, allí casi pierde un Tour Bahamontes. Ninguno de ellos hubiese podido hacer nada hoy.

Porque los ciclistas dijeron que nanai, dijeron que hacía malísimo, dijeron que habían visto almas, y yetis, y tuunbaqs, y hasta dos o tres perros de los tíndalos. Dijeron, los ciclistas, que llovía, y que había nieve, y que estaba eso imposible, y que por qué no sube usted, escritorzuelo gordo, que siempre se queja pero nunca sube usted. Para resumirles... eran doscientos kilómetros y terminaron por hacerse setenta y cinco. Setenta y cinco con temperatura agradable, con el sol que asoma, con paisanos en maillot y coulotte corto. Antes, para llegar a esos setenta y cinco, los abstencionistas fueron grabando *tiktoks* en sus autobuses, *tiktoks* donde podías ver aficionados que sí iban con sus bicis. La risión. Guinda con declaraciones de algunos cuyo nombre omitimos, porque aquí se habla del puro desempeño atlético, y esos «protas» de opiniones no se distinguen por el puro desempeño atlético. Pero nada de puro desempeño atlético.

Un apunte. Este bendito deporte se ha venido fabricando con épica e historias. Con épica e historias que no entraban en directos de instagram o poses cuquis para las fotos. Con épica e historias que se mueven entre lo imaginado y lo visto, entre lo real y aquello que se modifica al recordarlo julio tras julio. Este bendito deporte, sí, se ha venido fabricando con todo aquello que la actual generación no solamente omite, sino que se enorgullece en despreciar. Todo aquello que justifica sus contratos, sus patrocinadores, estas mismas líneas. Todo aquello que está desapareciendo. Jamás vi un colectivo tan orgulloso de romper con lo que dicen amar. Dentro de unos añucos, cuando nadie vea esto, vendrán lloros, y alguno buscará un sueldito donde caiga...

(Afortunadamente nos quedan Pogačar y van der Poel, nos quedan las Clásicas, nos queda Evenepoel. Nos quedan otros, diferentes a los que siempre andan quejando. Y mucho mejores que ellos, por si quieren añadir curiosidad al asunto).

Ah, los favoritos ni se mueven en toda la semana. Así que fundido en negro y elipsis.

### Igualdad, tragedias y Mitja Mežnar

Vale, vuelta a empezar. Todo por hacerse, última semana apasionante. Solo que no, solo que ni de coña. Menudo tostonazo, colegas. Este Giro ha sido durísimo, durísimo. Sobre todo para el espectador.

Última semana de exigencia superlativa, como es habitual en Italia. Tres etapas para que se retire Mathieu Hermans, una cronoescalada que da miedo al miedo. Diferencias de minutos, ataques que pasan a la historia, trilogía de candidatos que parecen Coppi, Merckx y Ocaña...

El primero era Almeida. João Pedro Gonçalves Almeida, que es el nombre más luso desde *Libro del desasosiego*. Almeida tenía bigote a lo Ricardo Reis (bigote de esos que calzan quienes aún no empezaron a afeitarse, pelusilla, hormigas sobre el labio superior), una postura rara sobre la bici y tendencia a sufrir cual Sacher-Masoch (escritor, no tarta). Vamos, que se descuelga y persigue. Almeida no es de los mejores en crono, no es de los mejores cuesta arriba, baja fatal y tiene menos reprís que la silla de Stephen Hawking. Ganó en el Monte Bondone, de acuerdo, pero que Almeida llegase hasta esta última semana contando dice mucho...

Después de Trento... *volata*. Otra cosa que podríamos comentar. Lo de los esprints. Que vaya caos, en este Giro, los esprints. Nadie repite victoria, todos acaban mojando (salvo Gaviria). Sin trenos dignos de tal nombre, sin planificación, sin control. Ojo, tenían interés, pero se te quedaba un poco la caruca de quien pensaba verse el Kárpov vs Kaspárov y le acaban poniendo una partida de damas...

Segundo gran aspirante... el que llegó de rosa hasta la cronoescalada final... Geraint Thomas. Geraint Thomas, que tiene pinta de escuchar Oasis (los discos noventeros), que calza años como para estar tranquilamente en su casa con labores de bricolaje o un huerto ecológico. Pero, miren, aquí sigue. Con ese corpachón, con esa forma de subir que parece no subir, con ese cambio de ritmo tipo diésel entre los diésel. Eso es Geraint Thomas. Pareció el más poderoso en Coi y Lavaredo, pareció que dejaba pasar oportunidades. Quién sabe, pero la decisión final no le fue positiva, así que, imagino, ahora alguien en su chalecito de Cardiff andará pensando «y si»...

Porque tampoco atacó ninguno en esta semana final. Bueno, seamos sinceros... aceleró Almeida en Bondone (e hizo daño), aceleró Thomas en Coi (e hizo daño, y Vine demostró que baja peor que John Lee Augustyn), y esprintó (ni de acelerar merece nombre) Primož Roglič con Auronzo a final de recta, después de haberse *fumao* todos los Dolomitas buenos. ¿Conclusión? Empate. A ver, empate no, veinte segundines entre primero y segundo, veinte segundines entre segundo y tercero, pero... empate. Todo para la cronoescalada.

Ay.

Que menuda cronoescalada. Crono mixta, en realidad. Once kilómetros llanos, siete por una cuesta de cabras hormigonada, pendientes imposibles, bosque espesísimo. Monte Lussari, se llama el lugar. Muy cerca de Eslovenia. Y esto tiene su importancia.

Porque, amigos... estamos ante uno de los clímax más intensos en la historia de este deporte.

Vale, quedan dos kilometrucos para terminar el metraje. Todo entre Thomas y Roglič. Almeida *descartao,* el resto ni me acuerdo de cómo se llaman. Va Primož en plan recorte, va metiendo tiempo, va con más pedaladas por minuto que Lance Armstrong en una clase de spinning. Va, también, sobre una bici asombrosa, galáctica, una bici comprada en Mos Eisley, una bici que diseñó Emmet Brown. Solo un platuco, imposible que se salga la cadena, piñones atrás como para cubrir el sol y sacar más pasta de tu central nuclear. Hasta que llega el drama. La comedia. El drama.

Bache, y cadena fuera a Roglič. Bastante hace con no caerse, dos o tres pedaladas al aire. Bastante hace con no caerse, con no blasfemar, con no arrojar la bici pinos abajo. Otra vez, otra vez, *quousque tandem abutere*, mecagonlaputa, otra vez, me ha *mirao* un tuerto, otra vez. Imposible recuperar, el Giro es de Geraint.

Y, entonces, sucede. La sucesión de acontecimientos más irreal que yo jamás haya visto.

Allí, en la recta, hay un paisano. Un espectador. Un espectador que ve lo que pasa, que esprinta hasta donde está Roglič. Un espectador que baja derrapando (derrapando), que casi se hostia, que ayuda, sube aquí, ese pie en esa cala, coge las manetas, vamos. Un espectador que empuja a Roglič, que pone sus manos sobre los riñones de Roglič, que hace el mayor esfuerzo de su vida en esos quince o veinte metros, esos quince o veinte metros al quince o veinte por ciento, ese lugar donde Roglič no hubiese podido arrancar solo, donde estaba clavado, ese no sitio, ese recuerdo disfrazado de vaguada. Se deja el aliento, empuja al ciclista, queda después jadeante, viendo cómo se pierde por la senda. Luego se sabrá que este tío, este tío a quien Roglič debe su victoria (porque ya imaginan el final), se llama Mitja Mežnar, y Mitja Mežnar era antiguo compañero suyo, antiguo colega, uno que compartía selección nacional eslovena cuando ambos eran jóvenes. Selección nacional eslovena en saltos de esquí. Y estaba en ese sitio, en ese sitio preciso, en ese instante adecuado, como si lo hubiese puesto allí un novelista, como si lo hubiese puesto allí Tadej, otra vez no, no te lo mereces, otra vez no.

Menudo *plot twist*.

El mundo es un lugar maravilloso.

Ah, Roglič recuperó, subió alucinantemente el último tramo, ganó su Giro de Italia por solo catorce segundos. Solo catorce segundos, pero una escena de las que nadie va a olvidar nunca. Tres semanas para esto, vale... Pero menudo «esto».

Y final en Roma, *arrivederci*, Roma, Roma *città aperta*, Roma, la ciudad del Papa y las *mamme*. Y, bueno, en Roma, último cachondeo, último bochorno, con Geraint ayudando a Cavendish, Geraint lanzando a Cavendish, Geraint que pasaba por allí y dijo, oye, mira, voy a inmiscuirme en algo que no afecta a mi equipo, que no me toca en nada, que no debería irme. Ay[23]. Contentísimos los demás, imagino. Justo colofón.

Enhorabuena, pues, a Roglič. También a Thomas, que llegó hasta donde pudo, y a Almeida, que espesó su bigote en estas tres semanas. Y enhorabuena, también, a Mitja Mežnar.

Él es, sin duda, el protagonista más inesperado de nunca en esto de las bicis...

---

[23] Me atizaron mucho por criticar este «gesto de deportividad grande». Sigo pensando como aquel día... Geraint está donde no debe, desde varios puntos de vista.

## MÁS HISTORIAS EN EL LAGO LACENO, O CÓMO VENCIÓ PARET-PEINTRE (Y TAMBIÉN, UN POCO, LEKNESSUND)

09/05/2023, *El Confidencial*

Cuatro historias del Lago Laceno.

No.

Cuatro historias del Giro en el Lago Laceno.

Eso mejor.

A ver, hay más... hay más historias del Giro en el Lago Laceno, pero con cuatro es suficiente, como dijo su primo Adolfo, el que estudió en Pamplona, al cumplir los veintiséis. Así que... cuatro. Desorden cronológico, porque aquí somos de natural posmodernetes.

El Lago Laceno (el Lago di Laceno, pero no decimos bien «Tour de Flandes» como para meterse en movidas novedosas) está por Campania. Para que ustedes se sitúen... casi enfrente de Nápoles y Salerno, pero al interior, un sitio de montañas, y praderas, y tranquilidad (vamos, lo contrario a Nápoles y Salerno). Para llegar allí (es el clásico sitio de llevar tortilla o hacer barbacoas mientras trasiegas kalimotxo malo) debes subir antes el Colle Molella. Cinco kilómetros muy fáciles y tres kilómetros muy duros. A ver, no es Lavaredo (ni siquiera Gran Sasso) pero hasta que llega Lavaredo (o hasta que llega Gran Sasso) sirve para sacar conclusiones erróneas tras sesenta y siete segundos de intensidad...

Es lo que pasó en el 98. El Giro de 1998, ese donde Pantani se picó con Bartoli, y Pantani se picó con Bettini, y Pantani se picó con Zülle, y luego Pantani se picó con Tonkov, y menos mal que Pantani no anduvo picado con nadie de la UCI antes de la última crono, porque menuda crono aquella última crono. En fin. Pues eso, que llegaron al Laceno como primer test de montaña, y allí atacó Pantani, y le mantuvieron distancias, y coronó en solitario Molella, pero en el cresteo hasta el Lago lo pilló Alex Zülle, y lo dejó *tirao* como se dejan tiradas las cintas TDK donde grabaste una selección de temas heavys pero románticos para la mozuca aquella, y le metió medio minuto (Zülle a Pantani, digo, lo otro ya es cosa de su mente sucia), y tenía el Giro sentenciado, Alex, porque a ver cómo le recuperas tanto, a Alex, con dos cronos aún, Alex, que te hace cronos bien tochas, Alex. Pasa que aquel año Zülle pidió (lo cuenta Willy Voet, no lo cuento yo) el mismo *colacao* para la noche que tomó Laurent Dufaux en el Tour de Romandía que acababa de terminar, y ese *colacao* concreto (lo cuenta Willy Voet, no lo cuento yo) te deja el estómago hecho un cisco para tres semanas, porque una semana guay, pero para tres semanas pues *regu* (y esto lo cuenta Willy Voet, no lo cuento yo). Así que 1998, primera estación del Lago Laceno, *ora pro nobis*.

Segunda estación, año 2012. Un grupo pequeñuco pero grande (quien haya visto carreras de bicis en las dos primeras décadas de esta centuria sabe perfectamente de lo que hablo) sube en dirección al Lago Laceno. Cierto ciclista pena, va descolgando, lleva esos dos metritos que bautizaremos como «metritos Zenon», porque somos más viejos que la gripe. El tío calza culo *olanesco 1997* y pedalea de forma feísima. Hace, por si fuese poco, muecas con la boca. Que no te pido yo un Gianni Bugno, pero... En fin. Y eso, los favoritos se miran, nadie quiere gastar un gramo de fuerzas (atacar a cinco kilómetros es considerado kamikaze en aquel Giro), miraditas, tira tú, no, tú, no, calla, tonto, el ínclito Ryder empalma, Pozzovivo alza los brazos y completa la festividad de ciclistas antiestéticos. Dos semanas más tarde nuestro «metritos Zenon» gana el Giro de Italia. Sí, amigos, Ryder Hesjedal tiene un Giro más que José Manuel Fuente. En fin. Supongo que todos los que estaban allí aquel día, en el Lago Laceno, quedaron contentísimos con su actuación... para qué rematar al enemigo moribundo, si luego aceleras en Asís y te pones *to* guapo con la *maglia*, ¿verdad? Aclaremos, la atizada se la lleva Joaquim Rodríguez porque me cae cerquita, pero vale igual para Ivan Basso, para Michele Scarponi, para Roman Kreuziger. Bien *regalao* ese Giro en Laceno, oh, sí...

Tercera estación de nuestro Calvario. Saltuco atrás en el tiempo, ya les dije que no íbamos a ser rigurosos. Giro de 1976. El que salió de Sicilia, el decadente de Eddy, el de la tragedia Santisteban, el de primera llegada en Laceno. Y allí... En fin, que arrase belga. Arrase del Brooklyn, ese equipo con maillot sacado de *Vengadores: Infinity War,* que era como unos Harlem Globetrotters recién salidos de Flandes, patilludos, fiesteros y con más barro *masticao* que el becario de Atapuerca. Aquel día ganó Roger de Vlaeminck, que era jefe de la banda (líder del *gang*), pero por Molella pasa destacado (bueno, va con Panizza, el que era Wladimiro por Lenin) Johan de Muynck. Luego los capturan, y alza brazos de Vlaeminck, ya les dije, porque de Vlaeminck andaba una barbaridad en el Giro, pero pasa en cabeza Johan de Muynck. Acabó segundo en Milán (lo ventila Gimondi a dos días del Duomo, parcial en Bérgamo, vaya usted a saber qué pasó allí), ganó dos años más tarde. Es, a día de hoy, el último belga (el último flamenco) que trincó *maglia* rosa definitiva.

Es sí, el espejo donde mira, Remco Evenepoel.

Porque Remco Evenepoel debía firmarte la cuarta historia del Lago Laceno. En uno u otro sentido, pero la cuarta historia. Fue tan contundente lo del sábado... tan Manowar, tan primer corte del *De Mysteriis Dom Sathanas*... Todos esperan a Remco... para aplaudirle o para dejarlo *clavao*, pero todos esperan a Remco, sí...

Miren, yo no les voy a vender pollinos. Hoy queríamos a Remco, vale, pero si Remco no se pasa por aquí (igual libra, o le ha salido otro plan, o se queda en casita viendo tres capítulos de *Campeones*, lo que viene a ser un saque de centro) tampoco voy a volverme loqueras, porque es primera semana del Giro, y la primera semana del Giro siempre fue de esta forma, siempre fue más Urs Freuler que Baronchelli, siempre fue *gelati* y *espresso* (corto, de un trago, en la barra). No se me asusten, no se me marchen.

Que más tarde tenemos Bondone.

Y, vamos... al Laceno. Escapada interesante. Escapada interesante con nombres más eufónicos que Francis Ford-Coppola. A mí los nombres eufónicos me chiflan mucho, porque una cosa es llamarte Lope y otra muy distinta es que te digan Pérez (postapelliden ustedes). Aquí teníamos a Paret-Peintre (que parece un novelista de la *noveau roman*, alguien que escribe para que no lo entienda ni Merckx), Leknessund (lo vi en directo por la Arctic y no asistía a tal exhibición de potencia desde que Josemari Bakero dejó de hacer sentadillas), Warren Barguil (lo que pareció Warren Barguil, macho), Albanese (bien), Nicola Conci (mejor), Toms Skujins (ojo) y... redoble... Amanuel Gebreigzabhier Werkilul. A tomar por el culo, ya tengo favorito para siempre, pónganme un maillot con el nombre de Amanuel Gebreigzabhier Werkilul (en la espalda me entra, que soy anchote), qué tío más grande Amanuel Gebreigzabhier Werkilul, club de fans de Amanuel Gebreigzabhier Werkilul, luego ponemos el bizum. Distancia estable, los compis de Evenepoel tirando, pero tirando para no tirar, tirando para hacer como que tiran. Hay posibilidades. Los hooligans de Amanuel Gebreigzabhier Werkilul tenemos tensión y dolorcillo de tripa...

Porque llegan a lo último, al pie de la subida final, con sus buenos cinco minutos, y con sus buenos cinco minutos no se les puede andar escapando, por mucho que se ponga aquí a tirar la Molteni. Entre estos siete está... Y la *maglia* rosa va de regalo, casi seguro...

Así que dos carreras. Delante, por la victoria. Detrás, por los segundines. Fuego real, fuegos de artificio. Ataca Conci, luego Skujins. Pum, chas. Primero nada, después nada, más tarde esperan. En el pelotón asoma Hugh Carthy, perfectamente reconocible porque parece ir muriéndose y porque lleva el maillot más feo de todos los tiempos (*empatao* con aquel de pececitos que tenía la Vuelta). Pero, todavía, *na*. A Skujins lo pillan Leknessund, Paret-Peintre y nuestro putísimo ídolo, Amanuel Gebreigzabhier Werkilul, vamos, Amanuel, todos con Amanuel. Ineos pone ritmillo, aunque uno no sabe muy bien para qué puede poner Ineos ritmillo. Bueno, igual es porque Evenepoel está ya solo, y no es buena noticia, esa, para Evenepoel, porque se han subido el equivalente a Alisas y el Alto del Churi, que no es para quedarse solo, que acojona, sí, cómo pueda vérselas en Lavaredos y similar.

Ohhh... nuestro gozo en un pozo. Los dos tíos con nombres acojonantes (Leknessund y Paret-Peintre) dejan *clavao* al tío con el nombre más acojonante de los acojonantes, Amanuel Gebreigzabhier Werkilul. Luego Leknessund aprieta, se va solo, tira unas riñonadas como mi padre cavando para plantar maíz, lo sigue Aurélien cerquita, a unos metros, y los dos se dejan un montón de fuerzas, y es un falso llano, pero qué falso, pero qué falso eres, falso llano, y luego ya vuelve a subir en condiciones, y Leknessund se alza sobre los pedales y pone exigencias, pero más o menos parece que los dos aguantan el asunto a chepazos, tirando de desarrollo (qué gusto, oigan, ver dos paisanos que tiran de desarrollo, alejarnos de aquel molinillo que era antiestética pura, que era más feo que Miss Klingon Oriental), mirándose así, como de *costao*, manejando ventajas y esperanzas, porque para ambos sería victoria grande, sería joyita en el palmarés, sería algo como para llamar corriendo a la novia y decir, sí, mira, pon la tele, que hoy salimos.

Trescientos a meta, tira Leknessund, el francés a rueda, el francés salta a cien, el francés gana, gana Aurélien Paret-Peintre, nuestro filósofo situacionista preferido. Leknessund, pobre, se queda con la consolación de una *maglia*. Que es buena consolación, eh.

¿Y los favoritos? Pues, miren, los favoritos *na* de *na*. Los favoritos en un grupo de veintipocos, los favoritos con Ineos trabajando, con Remco Evenepoel solísimo, porque la escuadra de Remco Evenepoel sube menos que yo en diciembre. Combate nulo, y uno no sabe a quién beneficia, pero combate nulo.

A ver, yo se lo advertí por allá arriba. No se me vayan a enfadar ahora.

Con todo lo que queda...

## ROGLIČ GANA EL GIRO POR UN PUÑADO DE SEGUNDOS EN UNA CRONOESCALADA LOQUÍSIMA

27/05/2023 *El Confidencial*

Putas cronoescaladas, dice Primož. Putas cronoescaladas.

Sí, sí.

Bueno, esperen... vamos en orden.

Monte Lussari.

Al fin... Monte Lussari.

Aún tendremos que dar las gracias, porque estuvo Monte Lussari que sí o que no. Los equipos y los ciclistas, que son muy suyos, y dijeron que qué es esto, que cómo me mete usted por aquí. Los equipos y los ciclistas tienen tiempo para medir hasta el último dato en alimentación o ropa, pero, parece, no sacan un ratuco para irse a reconocer recorridos. Es curioso... Induráin pedaleaba Tourmalet cada mes de junio, pero estos nah. Y luego vienen sorpresas. Estrecheces, los coches, mi tío Sebastián, que se marea con las curvas. Ahí anduvieron, para repetir Crans Montana, pero, afortunadamente, tiró para adelante la cosa.

Ojo, no es que salte yo de alegría, porque la cronoescalada a Lussari... Bueno, me ilusiona lo justo. A ver si me explico... a mí estas cronoescaladas con parte planita y luego subida bien tocha... pues me vuelven loquísimo. Mont Ventoux, la del Puy aquella con Zoetemelk... Loquísimo. Sucede que todo lo demás en Lussari. A ver, once kilómetros planos, luego siete que marcan una media del doce por ciento. Pero es que, encima, hay descansillo casi al final, así que de esos siete tenemos cinco al quince. Vamos, como lo duro del Angliru. Había curiosidad, claro, pero se me hace cuesta arriba (ojo al chiste) digerir... Cuestas de cabras, desarrollos indignos para pros, paelleras más grandes que la de su tío Sebastián los domingos, que se le ha quemado, vale, pero es porque ese fuego que has hecho ni tira ni hostias, te he dicho que ni tira ni hostias. Sumen a eso la situación. Esto mismo en la primera semana, en la segunda semana, incluso antes de Dolomitas... pues bien. Plantea situaciones, deja necesidad para demarrajes (aunque viendo lo visto no sé yo). Pero hoy... a veinticuatro horas del Anfiteatro Flavio, después de los puertos tochos, sin forma de revertir situaciones pues... No les digo yo que este tremendo truño que nos hemos *papao* desde los Abruzzos venga provocado únicamente por Lussari (sacar una sola causa sería caer en reduccionismos, y no es plan), pero algo ayudó. Vamos, que iban todos pensando en «mira, la cronoescalada», y todos (digo todos, pienso en los tres del pódium) manejaban datos exactísimos sobre sus posibilidades de conquistarte la *Corsa Rosa* hoy. Seguro. Si datos hay a montones, y cada equipo tiene un paisanuco con cinco Tours en las patas, según los datos...

Pero nada, es lo que hay, y se tiene que correr el recorrido *presentao*. Vuelvan a leerlo. Jaja, es que te tronchas, colega. Se tiene que correr el recorrido *presentao*, salvo nieve, lluvia, frío, que el sol pique, que hayan avistado lobos a lo lejos, no vayan a venir a comernos, sí, los lobos de lo lejos. En fin.

Así que a por Lussari, a decidir el Giro. Hoy irán los buenos, sí, en solitario. Al menos eso esperamos, porque uno nunca sabe. Se tardarán sobre cuarenta minutos en hacer la crono, así que igual alguien (no sé... alguien... ¿cucu?, ¿Primož, Geraint, Almeida? ¿cucu?) chupa más aire en el morro que en toda su carrera deportiva. Ay. Me duermo todas las madrugadas abrazado a una foto de Tadej y otra de van der Poel...

Vale, de primeras... mala hostia. Suben el fuera de control al cincuenta por ciento. Al cincuenta por ciento. Al puto cincuenta por ciento. Que ya estaba en el treinta, y ya es suficiente, el treinta, pero ya de mamarrachear, mamarracheemos bien de bien. Así que subió mucha gente haciendo el imbécil, con caballitos, saludines, besucos al público, gritos, idiotez. Espectáculo, amigos, espectáculo... para qué tirar por la épica en San Bernardo si podemos hacer esto en Lussari, que sales mucho más limpio y quedas mejor en el instagram. Todos contentos. Todos. Claro que sí.

(Honor a Matthews, que entró sufriendo. Honor, también, a Ben Healy, que quiso dar la nota hasta el último momento con su disfraz de Cascoscuro Ciudadaner todo *girao*. Busquen las fotos y díganme si no parece un paisano en su despedida de soltero a las nueve de la noche después de haber jugado a las damas con chupitos de vodka y haberse *papao* siete botellas de sidra y tres frascas de blanco horrible. Healy es el tío que más amo en este deporte a día de hoy, y es por cosas como estas).

Ah, se cambia de bici a mitad de crono. Se cambia de bici y algunos cambian de casco, a mitad de crono. Lo juro. Pasan, por supuesto, el ciclocomputador de una bici a otra, no vaya a ser que se pierda algo por el camino. Y los empujan tíos tirando a fuertotes. Fuertotes tipo «qué fuerte» y fuertotes tipo «otra birra, por favor, y una más de rabas». A veces resulta estético, la mayoría huele a chirigota. Pero quedémonos con cuando resulta estético. Por caridad.

Referencias... que Riccitello ha pillado un atajo por entre los pinos, que ha subido campo a través. Cosa épica, lo de Riccitello. Se come diecisiete horas en la silla caliente (no me imagino yo a Hinault en la silla caliente) y se come también la merienda delante de todos, poniendo caras. No sé qué era, pero siendo sábado tarde... pues imagino que *bimboconocilla*, *mediasnochesconjamonlló* y ganchitos. No está confirmado, eh.

(Después lo adelanta Vine, y después McNulty. Este equipo hace cronoescaladas finales bien cucas. Ojo).

Vale, los buenos. No, esperen... Vale, los que van arriba en la general. Me ocupo de quienes pueden ganar el Giro y de quienes han dado espectáculo sobre la carretera. No, esperen... me ocupo de quienes pueden ganar el Giro.

Almeida. Almeida salió totalmente sorprendido al no ver nadie allí, veinte metros más arriba. Era una sensación nueva, maravillosa pero que te llenaba de temores, un poco como lo suyo cuando contempló aquel videoclip de Samantha Fox junto a su amigo Ignacio Alfonso. Pero bueno, que para arriba. Tiene fama de buen contrarrelojista, aunque solo ha ganado el Nacional portugués. Vamos, que no es Anquetil, pero como nadie es Bahamontes pues quizá le valga...

Luego está Roglič, Primož Roglič. La última vez que Primož Roglič se jugó una Grande en la cronoescalada final acabó con el casco en la nuca, la frente como Pierluigi Collina y cara de «quizá hice el tonto estas tres semanas, ¿no?». A ver qué tal le sale, porque le volvió a crecer pelo, pero no tentaría yo mucho a la suerte.

Y el líder. Thomas. Geraint Thomas. Parece nervioso, Geraint Thomas. Mira, mira, si está enarcando una ceja, si ha movido un dedo meñique. Nerviosísimo, *atacao*, Geraint Thomas, ese tío al que masacraron de forma inmisericorde Vingegaard y Pogačar el que va de rosa en este Giro. Gélido, transmite menos que una Barbie del *Cadena Cien*, tiene menos registros que Mario Casas haciendo de Stephen Hawking.

Bien, salen. Kuss marca el mejor tiempo, y compite con McNulty por el premio al «Empleado del Mes». Yo veo a Arensman en plan espigado jerifalte, pero tampoco podría yo asegurarlo... Y no. Pinot sí. Madre mía, qué cosas más raras me hace mi Thibaut...

Referencias, referencias, porque quitando la parada en boxes es todo asunto de referencias. Bueno, el casco espantoso de van Wilder, que imaginen ustedes la necesidad de aerodinámica fea para subir al veinte por ciento. En fin. Pero eso... referencias. Roglič que le mete cuatro segundines a Almeida, y ya parece que Almeida fuera, aunque quede todo por subir, pero Almeida fuera, porque necesita un milagro y empieza en plan currito, y los milagros no son para curritos. Luego cambia de bici Thomas, y lo hace parsimoniosamente, Thomas, cambia de bici, se pilla un libro de Cortázar, lee tres *cronopios*, sube a la máquina, cambia también de casco, porque Thomas tiene un estilo muy *mod*, y quiere evitar, antes que cualquier otra cosa, exhibir pintas de calvorotas. Yo apoyo eso, yo apoyo eso. Thomas dos segundines por debajo de Roglič. Empate.

Todo para la cuesta de cabras. Imaginen qué preciosidad esto mismo pero en la Bola del Mundo, en la Camperona. Nah, estoy vacilándoles, menuda risión, que no se le ocurra nunca a nadie. A nadie. He dicho que a nadie.

A ver... Primož Roglič no ha cambiado de casco, así que lleva sus pintas de Raúl Sender, y un pedaleo raruno, con ese piñón inmenso, con esa cadencia de cuchufleta. Pero ojo, por Eze llevaba la misma postura y allí metió buen meneo. Las referencias son referencias, pero todo parece funcionarle. Avanza más que el otro.

Porque Roglič mete a Thomas casi la distancia que necesita. Sucede que, justo en ese instante, a Roglič se le sale la cadena. Roglič pilla un bache y se le sale la cadena. Dos días llevamos hablando de la bici de Roglič, que es lo más avanzado en tecnología aeroespacial, y resulta que en un bache... se le sale la cadena. Quizá pierda Roglič ahí el Giro de Italia, quizá. Lo que no sería bueno para describir el Giro, y tampoco sería bueno para describir a Roglič. Tres semanas más tarde, y la caga en un badén. Todo medido, todo absolutamente pensado hasta el último milímetro. La chapa que han dado con su bici de las galaxias los que (dicen que) saben de esto. La chapa estratosférica, que iba Roglič encima de un Tie. Y eso. Sería para echarse a llorar.

En meta destroza el crono Roglič. Que destroza el tiempo, que gana la etapa con exhibición. Con exhibición portentosa. Joder, va a perder el Giro por el piñón ese para jubilados, va a perder el Giro por una avería a kilómetro y medio de la meta en la última etapa donde se compite. Es para no volver...

Pero esperen... porque enfocan a Geraint. Porque enfocan a Geraint, y va más clavado que yo en Peña Cabarga, porque enfocan a Geraint y suda como un cántabro en Cádiz, suda como Eloy Olaya tirando penaltis. Suda, no avanza, parece medir siete metros, parece pesar cien kilos. Suda, no avanza, deshace gestualidad, muestra los dientes, le salen arrugas, está envejeciendo catorce años en catorce kilómetros. Lo enfocan de cerca, a Thomas, y tiene cara de Isidro Nozal, Thomas.

Porque sucede.

Sucede.

Uno, dos, tres, cuatro, cinco, seis, siete.

Gana Roglič.

Ocho, nueve, diez, once, doce, trece.

Gana Roglič el Giro.

Catorce.

Gana Roglič el Giro de Italia.

Catorce segundos.

Gana Roglič. Aunque a punto de perder, aunque la cadena, aunque la cagada. El drama.

La *emosió*.

Ganó Roglič

Vale, ha sido un Giro mierdero, pero por este tipo de cosas (por este tipo de minutos, estos minutos a mitad de camino entre épica y cuchufletas) nos gustan tanto las bicis.

Hasta esas con desarrollos raros, esas que les saltan las cadenas.

Enhorabuena a Primož Roglič.

## UN LÍDER A LO GUY RITCHIE, PERSEGUIDORES A LO ISABEL COIXET: TADEJ POGAČAR DOMINA EL GIRO 2024

26/05/2024 *Jot Down*

Ganó el Giro Tadej Pogačar, y pocas cosas más añadimos. Que es el mejor ciclista del mundo, que lleva un año epatante, que era favorito indiscutible y domeñó con creces. Ganó el Giro Tadej Pogačar y eso fue, seguro, la menor sorpresa en tres semanucas. Hizo que pareciera fácil, hizo que, sí, todos pensasen en dobletes más que en Italia.

Ganó el Giro Tadej Pogačar, y lo ganó a la forma de los más grandes, de los campeones. De las leyendas.

Ese club en el que se siente cada vez más cómodo.

**¿Ganador? ¿No quiere apuesta más difícil?**

Empecemos por el final. Y el final es, siempre, un vistazo a lo de antes. Pasado, mitos, Gotha. Eso que hace de las bicis material para trenzar historias. Que recuerden quienes buscan cargarse todo lo que de grande tiene este asunto.

Empecemos por el final.

Las cifras, principalmente. Tadej Pogačar ha ganado el Giro, ya lo saben, pero nos interesa aquí contar cómo ha ganado el Giro. Casi diez minutos al segundo, por ejemplo. Para que se hagan idea... mayor distancia desde 1965, cuando Vittorio Adorni le casco once y medio a Italo Zilioli. Si contamos desde la Batalla de Tarento solo Adorni, Clerici (bidonazo mediante) y Coppi han ganado por más rato... ¿Suficiente? Pues esperen... En toda la historia del Giro únicamente cinco paisanucos han trincado el rosa y seis etapas. Cinco paisanucos de nada, cinco desconocidos, igual ni les suena el nombre. Eddy Merckx, Learco Guerra, Costante Girardengo, Alfredo Binda... y Tadej Pogačar. Ese es su horizonte, esa es su exhibición.

Son magnitudes históricas, como corresponde a un ciclista histórico. Te cuentas con los dedos de una mano hondonadas de hostias como las de este Giro con Tadej. Cosas de Eddy, de *Le Blaireau*, aquel Tour 1984 con Fignon, quizá Coppi cuando desvirgó Alpe d´Huez... Y poquito más, oigan, poquito más. Deberíamos estas flipándolo fuertemente, deberíamos estar frotándonos los ojos. Y sin embargo... Todo fue tan previsible, tan «épico» sin «épica»... El Giro de Tadej Pogačar ha sido como fichar a John Williams para que componga la BSO de *Los Fruittis*. Habrá fanfarriones, pero...

Porque salía Giro de Turín y no se alzaba ante el esloveno nadie con mínima opción de hacer cosquillucas. Ya no es solo palmarés y currículum, es que esta misma temporada únicamente hizo aguas en San Remo... donde fue pódium. Lleva el tío, antes de verano, catorce victorias, que son cifras de esprínter, son cifras de Petacchi o Cavendish, solo que mejores. Y eso, que principiando por Turín, y la única duda es cuándo iba a trincar *maglia*, cuánto iba a gastar en mantener *maglia* y cuántas etapas iba a embolsar.

Respuestas sencillas. Ataque el primer día, pero le mantiene pulso Jhonatan Narváez, que logra batirlo al esprint. Narvéz disfrazado de Thierry Marie, Narváez que lleva maillot de Cipollini. No podrá ser Pogačar rosa en todas las etapas, como fueron antes Bugno, Merckx, Binda y Girardengo. Ya ven, nombres que se repiten.

Un apunte sobre Narváez. Que ha andado como nunca, que logró resultado de calidad, que luego estuvo metiéndose en *fregaos* varios a partir de la segunda semana. No es ciclista para general, y (creo) pierde algunas victorias por cicatero (le han pillado matrícula los otros), pero en patas su Giro es espectacular. Pena que el equipo no quisiera aprovecharse de ellas para proponer algo, pero sobre Geraint Thomas entramos luego...

Tampoco hubo de esperar demasiado, ojo, para el liderato de Pogačar. Oropa y exhibición, Oropa y la primera de seis, Oropa y *maglia*. Se marchó cuándo y cómo quiso, tras lanzamiento de Rafał Majka. Sí, ese mismo Rafał Majka que era uno de los gregarios más perretes del orbe ciclista, evangelizado hoy en equipier modélico. Repitieron estrategia en todo el Giro... tres kilometrines a tope del polaco, tuerce el manillar y arranca Tadej. El final ya le saben ustedes. Parecía punto débil para Pogačar este del equipo. En Turín, incluso, corrieron un poco cual pollo sin cabeza, dejando en plan Clint al esloveno. Pero más tarde... mitad rendición y mitad dominio. No parecen a la altura de Visma, aunque vaya *usté* a saber, porque Visma lleva un par de mesucos horribles.

Allí, por Oropa, empezó a asomarse Daniel Felipe Martínez. Oh, *yeah*, Daniel Felipe Martínez, el tío que animó a Bernal con la misma parsimonia que afronta Chimo Bayo un *finde*. El de las poses *fucker* en fotografías oficiales. El sí pero no, el que va muy encogido sobre la bici, el que no gasta cilindrada de ídolo. Daniel Felipe Martínez ha sido segundo en Roma, y ese es un resultado cojonudísimo para sus posibilidades. El mejor, vaya, porque Tadej estaba fuera de todo... Ocurre con Daniel Felipe... a ver, cómo explicarles a ustedes... que es epítome perfecto a esta edición. Tuvo dos o tres ataques (pero ataques más «Roberto Petito» que «Marco Pantani», ataques que duran lo que una monja de gira con Black Sabbath), dos o tres momentos de ir a por más, dos o tres brindis a la postre espurios. Y *fine*. El tío no es un escalador de élite, no hace cronos destacables, baja como el culo y ni siquiera tiene reprís. Vamos, que tono griSérrimo. Y segundo, detrás de Tadej; pero a tanto, en todos los sentidos, de Tadej.

Claro que tercero fue Geraint Thomas. «Lli» Thomas, como se encargan de recordarnos cada día en televisiones o redes sociales, porque los anglos (antiguo Imperio SKY) siguen mandando por esos menesteres. Solo por esos, ojo. Nuestro amigo «Lli» parece bastante listo, y tiene rollo *cool*, y seguramente puedas hablar con él de cosas distintas a watios y desarrollos... pero como atleta es una auténtica tortura. Perdió el Giro hace doce meses por ser más amarrategui que Lotina jugando contra el Newteam, y en esta ocasión ha llevado costumbres hasta casi la parodia. Iba más feo que nunca sobre la bici (para venir de la pista el tipo no tiene mucho *flow*), iba más escondido que nunca en los grupos (salvo el día que anduvo liado con Tadej para romper esprint... salió más escarmentado que Paco Porras en *Cifras y Letras*), iba más tiránico que nunca dentro de su propia escuadra. Esto último trae penuca, porque nos perdimos a gente como Arensman o Narváez actuando como electrones libres, puente o similar. Claro que gente como Arensman o Narváez parecían encantados en su rol (el ecuatoriano) o con horchata en arterias (el neerlandés). Así que nada, «Lli» a lo suyo, quinto pódium para él en una Grande. No está mal para quien debutó en el puesto 140 de La Grande Boucle, hace ya diecisiete años (seis minutos y un Wim Vansevenant muy solvente le privaron de ser farolillo rojo).

Y ese fue el cajón romano. La diferencia entre primer puesto y los dos inferiores es la que hay entre las cuadrillas esas de los gemelos que reforman casas por la tele, y la que contrató usted, bajo cuerda, para hacer tres cosas en la casa del pueblo, que aún no vinieron a rematarle el trono, los grifos siguen goteando y la encimera no está bien nivelada.

Seguro que me entienden.

### Detengan a los sospechosos habituales y métanlos en una escapada

Y así, como lo ordena Louis Renault (Renault es un apellido muy ciclista) es como formamos la fuga. O, al menos, como formamos la fuga en este Giro.

Acaba sucediendo siempre. Los que quieren caña, los que buscan oportunidades, los que calzan valentía y patucas como para mantener envites... terminan por coincidir. Aquí, en este Giro, nombres se repetían... Que si Steinhauser (bonita planta, buen futuro), que si Nairo Quintana (etapón en Livigno, solo superado por Tadej), que si Paret-Peintre (buena victoria, menos cintura que un central del Córdoba), Scaroni, Storer (no estaba muerto, estaba de fiestón), Conci. A estos sumen ustedes, por favor, mi pareja parrandera preferida de este Giro: Julian Alaphilippe y

Pelayo Sánchez, amigos y residentes en *Testa della corsa*.

El Giro de Julian Alaphilippe ha sido un éxito y un fracaso. Ganó etapa, estuvo muy presente en carrera, mostró aptitud y actitud, fue, a ratos, el ciclista nervioso, el seleccionador cruel, el zorro de táctica inmejorable, que siempre había sido. Pero, al mismo tiempo, conformarse con lo anterior es reconocer que aquel gran Alaphilippe nunca volverá. Ley de vida, si quieren... muchas lesiones, mucho desgaste, mucha polémica. Y, oigan, que todos cumplimos años. Es un Julian menor, pero al Julian menor aún le basta para pastorear victorias grandes.

Y para ser el que siempre fue, al menos en grandilocuencia, gestitos, hablar más que Mateu Lahoz en un directo de Youtube, llevar siempre la voz cantarina. Por eso, sí, se las tuvo con nuestro segundo prota.

Pelayo Sánchez.

Pelayo tiene veinticuatro añucos y trae marca Asturias incorporada. Sale en Turín como uno de los cinco españoles en el pelotón (casi histórico, por bajo), y llega a Roma con triunfo en parcial de exigencia y protagonista muchas horas. La victoria fue por Rapolano Terme, el día que hubo tramos sin asfaltar. *Sterrato*, le dicen, y suena bien. Aquella tarde lo más sorprendente fue que Pogačar no atacó, para que vean el grado de dominio esloveno. Eso y la victoria de Sánchez, esprintando con Alaphilippe y Lucas Plapp.

Con todo, el éxito podía ser coincidencia... pero su actuación durante el Giro nos habla de calidad gorda. Porque trincó más fugas, porque se comportó en ellas de forma... curiosísima. Siempre parecía ir quedándose, siempre terminó por volver. ¿Racaneo? ¿Capacidad para sufrirte mucho? Pues una miaja de cada, creo. Alaphilippe volvió a cruzar ojos con Pelayo varias veces, y ambos eran como esos matrimonios que están todo el día discute que te discute, que si los niños, que si ayer llegaste oliendo a cubata, que si no me haces ni puto caso. Esos que morirán unidos y amándose.

Hay buen ciclista, en Pelayo. Cazaetapas y cumplidor. A ver si nadie empieza a regalarle oídos como hicieron a otros que tenían pinta así...

### *Manca finezza* en el ciclismo italiano

O, más bien, mancan campeones. Campeones bien tochos, se entiende.

Italia cuenta, hoy, con gente de nivel. Ciclistas, al menos, yo hablo de ciclistas, en otros aspectos políticos o vitales ya que se metan otros. Y eso, que entre los ciclistas tiene, Italia, al sprínter por excelencia. Jonathan Milan, veintitrés años, *unonoventa* de tío, espaldas donde caben tres Cacaíto Rodríguez. Milan ha sido el dominador de las volatas en esta edición, y se lleva también la *ciclamino* que debió ganar Tadej, pero es que los organizadores hacen unas cosas rarísimas. Pero eso, el *rompetechismo organizateril*, no es cosa de Milan, que trae hechuras de ciclista grande, de tío potente con campo de acción no limitado a doscientos metros. Su campaña de Clásicas ha sido dulce, y no descarten que se centre en *faire le Belgio* algún añito. Entre medias trincará muchas victorias, y lo hará de forma clara, porque es un velocista clásico, sin ese punto marrullero que tienen los bajucos en esto del esprint. Que no es McEwen, oigan, porque Milan coge su espacio, mueve la bicicleta muy poco, no saca de más coditos o espalda. Limpio y potente. Grandísimo futuro.

Italia cuenta, también, con el mejor contrarrelojista que hay. O el mejor contrarrelojista en contrarrelojes planucas, porque si subes dos puentes te mete placa Vingegaard a niveles *anquetilianos*, ya saben. Sin desnivel... Filippo Ganna. También alto, también espaldas para estibar mercancía, también patorras a lo Sarrapio y más culo que Ullrich el siete de enero. Infalible en lo suyo (o casi), quizá se le pueda achacar cierto acomodamiento, porque hizo cosas interesantes también cuesta arriba[24]. Claro que si no hay nadie mejor en todo el orbe haciendo algo... debe ser difícil ir más allá.

Pasa que, al margen de esto... erial. Italia y las bicis, digo. Que no hay un astro generando pasiones, desatando gritos, que en el país de los *chiflaos* nadie se chifla mucho por nadie. Vale, sí, esta Tiberi,

---

[24] Vean lo dicho en el Giro de Tao... joder, qué rarísimo suena, eso de «Giro de Tao».

pero Tiberi desata pasión regulera. Escalador serio, joven, reflejos felinos, siempre con la escopeta cargada, defendiéndose como gato panza arriba. Pero no arriesga, no propone, teme darse un tiro en el pie[25]. Giulio Pelizzari, el otro transalpino *destacante*, tiene mejor pinta, porque va recién entrado en la veintena, porque mostró casta, porque exhibió fondo. Buen credencial de *grimpeur*...

Pero insuficiente para Italia, que menuda crisis. La de ciclistas, digo. Y la del Giro también. Una no puede entenderse sin la otra. Con estrellas italianas «grandes» seguramente la organización no tuviese que aguantar pitorreos cada doce meses por parte de quienes se dedican a una profesión que odian. Sí, esos mismos que anulan de manera sistemática (a veces oficial, a veces «piernas caídas») ciertas jornadas del Giro. Por nieve, por temperaturas gélidas, porque hay lluvia, porque es largo, porque es duro, porque sí, porque ya sabe. Estos paisanos reciben generosa remuneración por parte de un deporte que detestan, y al cual se quieren cargar desde dentro. Todo lo que hizo de las bicis lo que hoy son las bicis... todo eso nos molesta. La épica, la imagen de «tipos duros», el ir más allá del sufrimiento, el no rendirse nunca. No, ahora lo que se lleva son videos de *tiktok*, *posts* lacrimógenos en *instagram* y declaraciones que apelan a los Derechos Humanos (suena ridículo, pero ocurrió). Los Derechos Humanos no nos permiten subir el Umbrail, dicen los herederos de Martin Luther King en bici. Todos agrupados alrededor de Adam Hansen, inane personajillo con ínfulas que ha *encontrao* en la presidencia de sus antiguos compañeros ese espacio ideal para hacer lo que siempre aspiró a hacer: ciscarse en el deporte que le permitió dejar su rol de un completo *don nadie* y *demagogear* para que algunos piensen que es menos *don nadie* del *don nadie* que aún sigue siendo. ¿O Gran Camiño? Anulen. ¿Giro de Italia? Suspensión. ¿Vuelta a España? Pónganme dos o tres parones y protestamos. Eso sí, contra ASO ni mu, porque característica de estos especímenes es el mostrarse cruel contra los débiles y manso ante la fuertes...

---

[25] Ejem.

Pinta *regu*, el asunto.

Pinta *regu*.

**Arrasando para soltar piernas**

Habrá visto usted que apenas hablamos sobre la clasificación general. Y es que... a ver, si tienen muchas, pero muchas ganas, yo les vendo motos, aunque no garantizo que funcionen. ¿Resumiendo? Que del *top ten* solo atacó (pero atacar en plan ataques guay, atacar con arrancadas superiores a los veinte metros), el líder. Y que tiramos casi un mes de carrera confiando en que diese algo de ciclismo el único que, por su posición, no estaba en necesidad de dárnoslo.

Sucede que Pogačar es diferente. Pogačar tiene un *llenesecuá* a lo Hinault, tiene ambición *merckxiana* bajo sonrisa de Gimondi *soft*, tiene ese par de mechones asomando que tú dices «joder, cómo va a mearse este tipo en todo el pelotón de los buenos». Y resulta que sí, que cero oposición, que a lo loco. Y sin aparente esfuerzo, oigan. Guión que se repite, como en la tercera temporada de cualquier serie... acelerón de Majka, grupo de doce (uno arriba o abajo), meneo de Tadej, cien metrucos en bailón, luego pone su ritmo. A ratos, incluso, parece que va soltando piernas, porque sube sin aparente esfuerzo. Dos minutos de *gap* conseguidos rápidamente, el tío haciendo cucamonas a niños y cámaras. Corre, literalmente, solo, sin oposición, porque nadie osó salir a por él. Un día prueba O´Connor y casi muere, otro hace amago Daniel Felipe y se le borra sonrisa... Así que exhibiciones y exhibiciones. Dejó escrito Cyrille Guimard que lo de Mourenx (Eddy escapado por Tourmalet y Aubisque, ocho minutos a los de detrás) no fue para tanto, porque allí nadie tiraba a por el belga, todos buscaban segundo puesto. Y *mutatis mutandi*... Quiero decir, la carrera de Tadej era distinta a la carrera de los que no son Tadej, y nunca sabremos qué distancia (mayor o menor que en Roma) había entre ellos. Sea cual fuere... abismal.

Miren, por ejemplo, lo de Bassano. Último día con puertos, majestuoso Monte Grappa por partida doble. Pues Pogačar que va solito a casi cuarenta de meta, que pone marcheta infernal, que se pierde curvas arriba. Tras él.. timoratos, reguleros, grises, aguantadores profesionales, rapiñapuestos. Tadej asciende y está en una peli de Guy Ritchie, enfocan a quienes persiguen y te pasas a una de Isabel Coixet. Tuvo tiempo para regalar poncheras a los fans pequeñitos, para descender suave, para mirar el potenciómetro y ver que, hostia, igual debo hacerme concentración de cara al Tour. Porque en eso transformó Tadej Pogačar la *Corsa Rosa*

El primer paso hacia un doblete inédito en este siglo.

Enhorabuena a Pogačar por su éxito, a Thomas y Daniel Felipe por su pódium, a muchos ciclistas por no cansarse demasiado y a Adam Hansen por lograr que me siga sabiendo su nombre en 2024. Todos ellos son, sí, un poco protagonistas.

Aunque solamente hubiera una estrella.

## PANENKITAS EN BICICLETA: PRIMER MANIFIESTO MALABROCCO

28/04/2021, *El Confidencial*

Lleva unos meses la futbolerada pelín dividida. No entre Madrid y Barça (que eso siempre) sino con otra cosa más sutil. Más, si quieren, ontológica (y disculpen los *cuñaos* por meter altura desde el principio)

Le podríamos decir «el asunto panenkita».

En pocas palabras trata sobre dos formas de ver el universo. La vida. Más importante aún... todo lo relacionado con fútbol. Especialmente el periodismo, vaya. Digamos que hay dos posturas irreconciliables (se lo explican muy bien aquí[26], por cierto). Una, los *panenkitas* (que toman su nombre de la apreciable revista «Panenka», dirigida por gente encantadora), anhelan comunicar con palabras largas, aspiran a un conocimiento general del juego (general significa más allá de la M-40) y no dudan en plantear metáforas culturales porque, en definitiva, confían que sus lectores sabrán descifrarlas. Frente a ellos se sitúan los *cuñaos*, aquellos que hacen periodismo de mesa y mantel, aprovechan para mandar

[26] Ese artículo al que hago referencia lo firmaban Carlos Prieto y Alfredo Pascual, por cierto. https://www.elconfidencial.com/deportes/2021-03-28/cunaos-panenkitas-guerra-cultura-prensa-deportiva_3009287/

saludos al último restaurante donde sablearon sin conciencia y, en general, toman a lectores y/o oyentes por borregos incapaces desde sus análisis no balompédicos de colesterol por las nubes.

Digamos que es fácil tomar partido, al menos desde mi punto de vista. Entre otras cosas porque el Lord Sith de los *cuñaos* resulta ser Roberto Gómez. Y Roberto Gómez actúa como hito ineludible: donde se encuentre, pues dirección contraria. Así que eso, pónganme *panenkita* en el dni. Solo que yo hablo de ciclismo. Y aquí igual podríamos tener de eso, ¿no? Quiero decir... también hay aficionados que van más allá, que llegan casi hasta las lágrimas hablándote de Berrendero, que recuerdan el ataque de Système U durante el avituallamiento en el Tour 87. Sí, un montón (yo el primero). Deberíamos buscar nombre. Uno que nos represente, que nos permita saludarnos por la carretera. Yep. Y, con esto, me puse a pensar. Y pensar. Y pensar. Bueno, tampoco tanto, pero ustedes saben. Avanzo aquí mi propuesta.

*Malabroccos.*

Luigi Malabrocca (Tortona, 1920) es un mito. Uno indeleble, eterno. Entre otras cosas porque alcanzó la leyenda siendo muy malo en lo suyo (en eso andamos muchos y *na*). O muy bueno en lo de ser malo, oigan. Digamos que Malabrocca (antiguo rival de Fausto Coppi cuando niño... sus duelos duraron un total de dos carreras, recordaba más tarde) se especializó en acabar último del Giro. Honor inesperado, que incluía prenda propia: la *maglia nera*. Ciclista distintivo, pues, entre todos. No baladí. A la *maglia nera* le regalaban cosas, le invitaban a critériums, le hacían entrevistas, todos sabían su nombre y sus percances. Dicen que si en 1946 Malabrocca fue el tercer o cuarto ciclista que más premios acumuló en la competición. Un compañero de equipo, Giulio Bresci, terminó sexto en la general y no obtuvo tanto rendimiento económico (ni tanto reconocimiento popular, aclaro). Así que negocio, ¿eh? Y Malabrocca lo hizo mejor que nadie.

Dos veces fue *maglia nera*. Otra más quedó penúltimo, después de protagonizar el duelo más lentito de siempre con Sante Carollo, un albañil que fanfarroneaba diciendo... oye, mira, yo puedo hacerlo aún peor. Se lo juro. Durante aquella competencia por no ser competentes los dos ciclistas hicieron de todo. Fingían caídas, pinchazos, paraban a comer durante un par de horas, se ocultaban entre zarzas o en graneros. Cuentan que un campesino encontró a Malabrocca, silencio, escondido en su pozo. ¿Qué hace usted ahí?, preguntó. Y Luigi regaló la mejor respuesta desde el Bing Bang.

— ¿Yo? Estoy corriendo el Giro de Italia.

Es en honor a este genio inmortal que, pienso, los *panenkitas* sobre ruedas deberían ser reconocidos como *Malabroccos*. Y para dejar claro qué es y qué no es proclamarse *Malabrocco* avanzo aquí, de forma totalmente exclusiva, un borrador para el Primer Manifiesto *Malabrocco*. En forma de decálogo, que así es más fácil recordar. Si dadaístas y surrealistas lo hicieron también podemos los amantes del ciclismo *cool*. Solo que no lo tengan muy en cuenta. Tampoco hablamos tan en serio.

Y un saludo a mis amigos del Mesón Casa Torrezno.

**Primer Manifiesto Malabrocco**

1. El *Malabrocco* adorará a Luigi Malabrocca por encima de cualquier otro campeón. Es alfa y omega, es cénit de la delicia ciclista, es uno de los nuestros. Las victorias son, para el *Malabrocco*, apenas borrones en palmarés. Resulta mucho más importante dejar huella, calar en memoria colectiva, que ir rellenando la tarjeta con dianas como si fuese un videojuego. Por eso apreciamos tanto las historias.

2. De igual forma, para el *Malabrocco* no importa el cuánto, sino el cómo. Es más, a veces lo último se impone por encima de cualquier otra consideración, por muy irracional que parezca tal idea. El *Malabrocco* aprecia a Bugno no por sus victorias, sino por el estilo maravilloso que tenía encima de la bici. Un buen *Malabrocco* jamás sube a chepazos, nunca abre las rodillas mientras siente morirse en ese puerto tan jodido que tiene cerca de casa. Para nosotros es más bello Gianni muriendo en la Marmolada que Froome ventilándose el cuarto Tour. (Solo que el

buen *Malabrocco* no dice Marmolada, sino Passo Fedaia).

3. El color preferido de los *Malabroccos* será el negro, como corresponde al recuerdo de nuestro fundador. Si alguien tiene problemas con lo de las *camicie nere* (inspiración de Torriani para distinguir al más lento en su prueba) puede optar por cualquier otro atuendo, porque esto no es un club donde importe la estética (y menos mal). Se preferirán, siempre, los maillots retro por encima de horteradas actuales. En caso de poder elegir, pican alto en la clasificación zamarras de Kas, Molteni, La Vie Claire o Peugeot. También se permite escoger jerseys que tengan un punto golfo (como los de Cinzano, Carpano, Licor 43 o MG-Orbea), al considerar que respetan perfectamente el espíritu del grupo. El *Malabrocco* jamás vestirá reproducciones del *arcobaleno*, la *maglia rosa* o el *maillot jaune*, porque eso son prendas sagradas que has de ganarte sobre la carretera, no encargarlas a una web china. Arrastrarse en cualquier repecho con el amarillo sobre las espaldas deshonra por igual a portador y zamarra. En el caso de la Vuelta a España han sido tantos los colores para distinguir al líder que se excusa cualquier referencia. Cuando el *Malabrocco* encuentre una reproducción del maillot que llevaba Roberto Heras en Pajares, año 2005, debe quemarlo. Que tenía pececitos... pececitos.

4. El *Malabrocco* siempre se referirá a cualquier carrera utilizando el idioma oficial del lugar donde se celebre, y arrugando desdeñosamente el morro si escucha cosas como «Tour de Flandes» o «Lieja-Bastón-Lieja». En caso de duda, usará el flamenco, lengua cool para esto de las dos ruedas, o el italiano, que siempre suena más bonito.

5. El *Malabrocco* amará las Clásicas sobre todas las cosas. De entre las Clásicas debe apreciar, sobre todo, la Campaña del Norte. De entre la Campaña del Norte, pruebas que se celebren en Flandes. Aquí entra París-Roubaix, claro, porque «Roubaix es la ciudad más occidental de Flandes»,

como dijo Roger de Vlaeminck (icono *Malabrocco* él mismo). De las Grandes Vueltas se preferirá el Giro, porque tiene ese aire tradicional, caos que acaba saliendo bien. El Tour de Francia se ve casi por obligación (aunque a veces te aburras), pero cada año, a la altura de junio, hay que decir a todos los conocidos ciclistas que, oye, yo del Tour paso, no voy a perder ni un minuto. Sobre la Vuelta a España debes criticar el recorrido, salvo esa etapa que pasa por tu pueblo y siempre luce fenomenal (aunque tú la podías haber hecho más chula metiéndoles por una cuesta que solo conocen los lugareños).

6. El *Malabrocco* tendrá predilección por los jóvenes. Preferentemente de países extraños y trayectorias imposibles. Conozco un escalador de Vanuatu que empezó transportando frigoríficos sobre la bicicleta durante sus estudios en Islas Salomón y pinta a estrella. Cosas así. Cada ciclista que destaque en categorías inferiores (bien por calidad o bien porque tenga pelos en el escroto cuando a los demás aún no les ha cambiado la voz) parte con un palmarés potencial de, al menos, cinco Tours de Francia, y ya después se le van quitando victorias a medida que no alcanza nuestras expectativas. La comparación siempre será con Merckx o Bahamontes, nunca con Flecha o Triki Beltrán. Ah, la generación que llega va a recuperar, sin duda, el tono épico de este deporte. Siempre. Siempre.

7. Todo buen *Malabrocco* añora el pasado, porque en el pasado los ciclistas eran más valientes, las carreras más espectaculares y, en general, el problema alopécico no se vislumbraba en el horizonte. Tienes que saberte al dedillo el palmarés de Eddy (al menos Grandes Vueltas y Monumentos), contar lo de Coppi en Abetone y que tu abuelo te haya hablado de cómo seguía a Trueba mientras entrenaba por San Cipriano. El ciclismo de antes era más noble, más puro, con tipos asaltando fuentes, Fuente

asaltando Lavaredo, y lavaderos llenos de cualquier Carollo que se precie. Solo que nosotros somos de Malabrocca, así que Carollo nada.

8. Los *Malabroccos* nos manifestamos en contra de cualquier avance técnico que haya contribuido, a nuestro parecer, para que el ciclismo de hoy sea menos divertido que el de antes. Punto de no retorno fue la crono de París, Tour 1989. De ahí en adelante... el horror. Así, admitimos calapiés, cuentakilómetros y medidores de frecuencia cardiaca, siempre que se utilicen para que no te dé un jamacuco y no como planificador de entrenamientos. El pinganillo es un invento de Satanás que debería ser erradicado inmediatamente. ¿Potenciómetro? Lo mismo, a veces lees crónicas de carreras que parecen instrucciones para enchufar lámparas, con tantos vatios y cables. Los frenos de disco parecen pegotes espantosos que afean la sagrada belleza del velocípedo, aunque se admiten en casos de necesidad. Un túnel de viento es el de Cotefablo cuando pega aire. Y así con todo. Somos inflexibles en este sentido.

9. El buen *Malabrocco* maneja jerga particular, mezclando expresiones de distintos idiomas y otras que directamente se ha inventado él. *Grimpeur*, *passita veloce*, embalaje, *W Coppi*. En el caso de que haya dos de estas palabras que signifiquen lo mismo siempre deberá escoger la más clásica entre ellas. Así, por ejemplo, Diego Ulissi es un buen *puncheur*, jamás un especialista en *uphill finish*. Se pueden utilizar términos tomados de la literatura o el cine, pero deberán evitarse comparaciones con otros deportes (totalmente inadmisibles en el caso del fútbol). Esta última regla tiene como excepción al rugby, claro. Todo *Malabrocco* que se precie huirá de clichés y lugares comunes. Así, los ciclistas nunca descienden «a tumba abierta», y Miguel Induráin no es «el navarro de Villava». Se permiten los tacos, siempre que aparezcan con espíritu posmoderno y no como muestra de pobreza léxica.

10. A la hora de acompañar la carrera con espirituosos, el *Malabrocco* solo tiene dos opciones. La primera es, claro, cerveza. Pero no cualquier cerveza, sino alguna de marcas semidesconocidas, mejor si llegan directamente desde Flandes. Consumir birra comprada de oferta en el Carrefour está penado con la expulsión del grupo (salvo si es birra comprada en el Carrefour de l´Arbre, entonces sí). La otra bebida que reconoce nuestro grupo es el kalimotxo, pero siempre desde un punto de vista irónico, recordando aquella vez que fuiste a ver a Rominger hasta aquel puerto tan raro y pasaste las horas pimplando vino malo con cocacola. Huelga decir que gintonics con frutas y similares provocarán expulsión inmediata del movimiento.

En Cantabria, a XX de XX del año 2021[27]

[27] A día de hoy, XX de XX de 2025, sigo firmando debajo. Con sangre.